任意の指名委員会・報酬委員会の実務

弁護士
澤口 実 監修

弁護士
渡辺 邦広 編著

弁護士 弁護士
若林 功晃・松村謙太郎

弁護士 弁護士 著
飯島 隆博・坂尻 健輔

商事法務

はしがき

　2015 年 6 月に導入されたコーポレートガバナンス・コード（CG コード）は、わが国上場会社の実務に大きな影響を与えた。役員の指名や報酬に関する任意の委員会も、CG コードにより急速に導入が進んだ制度の一つである。2018 年 6 月の改訂に際して、それまで役員の指名や報酬について独立社外取締役の関与・助言を得るための方法の例示にすぎなかった任意の委員会について、正面から設置が求められるようになったこともあり、任意の委員会の導入はさらに進み、現在では東京証券取引所に上場する監査役設置会社及び監査等委員会設置会社の 6 割近くが導入するに至っている。

　もっとも、任意の委員会は、法定の制度ではなく、その設計・運用により、強力にも脆弱にもなり得る制度である。この点は、CG コードの制定当初から指摘されていた点であるが、任意の委員会の導入が進む中で、その実質に着目する声が強まり、2021 年 6 月の CC コードの改訂においては、特にプライム市場上場会社について、任意の委員会の構成員の過半数を独立社外取締役とすることを基本とし、その委員会構成の独立性に関する考え方・権限・役割等を開示することが求められるようになった。

　このように、CG コードが改訂される度に任意の委員会に関する補充原則 4-10 ①が改訂の対象となってきたことや、有価証券報告書における関連の開示も拡充されてきたことからも分かるように、近時のコーポレート・ガバナンスの議論における任意の委員会の重要性は増すばかりである。そのような中、任意の委員会を真に意味のある制度にするためには、CG コード適用開始後、わが国でも積み重ねられてきた任意の委員会のあり方に関する議論や、実務上の取組み状況やその工夫を理解した上で、自社の実状に応じた設計・運営を具体的に検討し、さらに適切な開示も行うことによって、投

資家の理解を得ていくことが必要となる。

　本書は、CG コードの制定時に初版を出版し、2018 年 6 月の CG コードの改訂を踏まえて改訂を行った、『指名諮問委員会・報酬諮問委員会の実務〔第 2 版〕』の改訂版である。2021 年 6 月の CG コードの改訂に際して、補充原則 4-10 ① において「諮問委員会」という表現が用いられなくなったことを踏まえ、題名も改めることとした。本書の執筆に当たっては、2021 年 6 月の CG コードの改訂や、最新の実務動向を踏まえたアップデートを行うとともに、筆者らが日常の業務で培ったノウハウを盛り込みつつ、任意の委員会のより実効的な運営を目指した記述の見直しも行った。本書が、任意の委員会のあり方を検討される各社の一助となれば、望外の喜びである。

　役員人事や報酬に関する多くの専門家から頂戴した知見が本書の血肉となっていることは、初版から変わりない。また、初版・第 2 版に引き続き、株式会社商事法務の皆様、特に木村太紀氏と玉澤芳樹氏の迅速かつ丁寧な対応に助けて頂いた。開示データの集計は、これまで同様、筆者らが所属する森・濱田松本法律事務所の弁護士やスタッフの尽力によるものである。皆様に改めて深く感謝申し上げたい。

　2022 年 2 月

　　　　　　　　　　　　　　筆者を代表して　　渡辺　邦広

目　次

澤口ほか	澤口実＝角田望＝飯島隆博＝坂尻健輔「委員会型ガバナンスの課題と展望」商事法務 2072 号（2015）11〜21 頁
田原ほか	田原泰雅＝渡邉浩司＝染谷浩史＝安井桂大「コーポレートガバナンス・コードの改訂と『投資家と企業の対話ガイドライン』の解説」商事法務 2171 号（2018）4〜20 頁
島崎ほか	島崎征夫＝池田直隆＝浜田宰＝島貫まどか＝西原彰美「コーポレートガバナンス・コードと投資家と企業の対話ガイドラインの改訂の解説」商事法務 2266 号（2021）4〜22 頁
新しいスタンダード	森・濱田松本法律事務所編『コーポレートガバナンスの新しいスタンダード』（日本経済新聞出版社、2015）
コード原案	コーポレートガバナンス・コードの策定に関する有識者会議「コーポレートガバナンス・コード原案〜会社の持続的な成長と中長期的な企業価値の向上のために〜」（2015 年 3 月 5 日）
2015 年制定時コード	東証「コーポレートガバナンス・コード〜会社の持続的な成長と中長期的な企業価値の向上のために〜」（2015 年 6 月 1 日）
2018 年改訂コード	東証「コーポレートガバナンス・コード〜会社の持続的な成長と中長期的な企業価値の向上のために〜」（2018 年 6 月 1 日）

コード	東証「コーポレートガバナンス・コード〜会社の持続的な成長と中長期的な企業価値の向上のために〜」(2021年6月11日)
パブコメ回答	東証「『フォローアップ会議の提言を踏まえたコーポレートガバナンス・コードの一部改訂に係る上場制度の整備について（市場区分の再編に係る第三次制度改正事項)』に寄せられたパブリック・コメントの結果について」(2021年6月11日)
CGSガイドライン	経済産業省「コーポレート・ガバナンス・システムに関する実務指針（CGSガイドライン)」(2018年9月28日)
対話ガイドライン	金融庁「投資家と企業の対話ガイドライン」(2018年6月1日策定、2021年6月11日改訂)
東証	東京証券取引所
ガバナンス報告書	コーポレート・ガバナンスに関する報告書
フォローアップ会議	スチュワードシップ・コード及びコーポレートガバナンス・コードのフォローアップ会議
ドッドフランク法	Dodd-Frank Wall Street Reform and Consumer Protection Act
NASDAQ	National Association of Securities Dealers Automated Quotations
NYSE	The New York Stock Exchange
S&P	Standard & Poor's
SOX法	Public Company Accounting Reform and Investor Protection Act of 2002

第 1 章

任意の委員会の概要

> **Q1** 任意の委員会はなぜ注目されているか。

A 任意の委員会は、取締役会の特に重要な職務について、独立社外取締役の関与を強める方法であり、コードやCGSガイドラインにおいてもその設置が求められている。また、ガバナンス報告書や有価証券報告書での開示も拡充されている。

●解説

1 役員の指名や報酬の決定の意義とコード

　任意の委員会（注）は、取締役会の特に重要な職務について、独立社外取締役の関与を強める方法であり、コードやCGSガイドラインにおいても、その設置が求められている。

　フォローアップ会議の議論において、CEOをはじめとする経営陣幹部や取締役の指名・報酬などの特に重要事項に関する検討に当たっては、独立性・客観性ある手続を確立することが重要であるとの指摘がなされており、かかる事項はどのような機関構成・立場からも取締役会の重要権限であるといえる。特に指名委員会等設置会社では、役員の指名や報酬の決定は、過半数が社外取締役である法定の委員会の権限とされており（会社法400条3項、404条1項・3項）、また、コード原則3-1でも、(iii)取締役会が経営陣幹部・取締役の報酬を決定するに当たっての方針と手続、(iv)取締役会が経営陣幹部の選解任と取締役・監査役候補の指名を行うに当たっての方針と手続、及び(v)個々の経営陣幹部の選解任、取締役・監査役候補の指名についての説明といった事項のそれぞれについて、開示をすることが求められている。

　このような役員の指名や報酬の決定の重要性を踏まえて、2015年制定時コード補充原則4-10①においては、役員の指名や報酬の決定に対して独立社外取締役の関与を強める任意の仕組みとして例

示されているにとどまっていた任意の委員会について、2018 年改訂コード補充原則 4-10 ①においては、以下のとおり、監査役会設置会社又は監査等委員会設置会社であって、独立社外取締役が取締役会の過半数に達していない場合には、その設置が求められるようになった。

　「上場会社が監査役会設置会社または監査等委員会設置会社であって、独立社外取締役が取締役会の過半数に達していない場合には、経営陣幹部・取締役の指名・報酬などに係る取締役会の機能の独立性・客観性と説明責任を強化するため、取締役会の下に<u>独立社外取締役を主要な構成員とする任意の指名委員会・報酬委員会など、独立した諮問委員会を設置することにより、指名・報酬などの特に重要な事項に関する検討に当たり独立社外取締役の適切な関与・助言を得るべきである。</u>」（下線部筆者）

　さらに、2021 年改訂後のコード補充原則 4-10 ①においては、以下のとおり、指名委員会において後継者計画を検討対象とすることが考えられることや、ジェンダー等の多様性やスキルの観点を含めて任意の委員会の適切な関与・助言を得るべきであることが示されるとともに、プライム市場上場会社におけるガバナンス報告書での開示事項が拡充された。

　「上場会社が監査役会設置会社または監査等委員会設置会社であって、独立社外取締役が取締役会の過半数に達していない場合には、経営陣幹部・取締役の指名<u>（後継者計画を含む）</u>・報酬などに係る取締役会の機能の独立性・客観性と説明責任を強化するため、取締役会の下に独立社外取締役を主要な構成員とする独立した指名委員会・報酬委員会を設置することにより、指名や報酬などの特に重要な事項に関する検討に当たり、<u>ジェンダー等の多様</u>

性やスキルの観点を含め、これらの委員会の適切な関与・助言を得るべきである。

　特に、プライム市場上場会社は、各委員会の構成員の過半数を独立社外取締役とすることを基本とし、その委員会構成の独立性に関する考え方・権限・役割等を開示すべきである。」（下線部筆者）

　また、対話ガイドライン3-2及び3-5においても、独立した指名委員会や独立した報酬委員会の活用に言及されている（「必要な権限を備え」という箇所は、2021年改訂に際して加えられたものである）。

〔対話ガイドライン〕

【3．CEOの選解任・取締役会の機能発揮等】
3-2．　客観性・適時性・透明性ある手続により、十分な時間と資源をかけて、資質を備えたCEOが選任されているか。こうした手続を実行的なものとするために、独立した指名委員会が必要な権限を備え、活用されているか。
3-5．　経営陣の報酬制度を、持続的な成長と中長期的な企業価値の向上に向けた健全なインセンティブとして機能するよう設計し、適切に具体的な報酬額を決定するための客観性・透明性ある手続が確立されているか。こうした手続を実効的なものとするために、独立した報酬委員会が必要な権限を備え、活用されているか。　また、報酬制度や具体的な報酬額の適切性が、分かりやすく説明されているか。

（下線部筆者）

　さらに、有価証券報告書における任意の委員会に関する開示も拡充されている（Q77参照）。

2 任意の委員会の導入状況

2015 年制定時コードにおいて、任意の委員会が独立社外取締役の関与を強める任意の仕組みとして例示されたことに伴い、一定数の会社が、取締役等の指名や報酬等に関する評価・決定プロセスを透明化・客観化することで監督機能の強化を図り、コーポレートガバナンス体制を充実させることを目的として、指名委員会や報酬委員会等の任意の委員会を設置し（詳細は Q19 参照）、その旨をプレスリリース等を通じて公表するようになった。

2018 年改訂コードにおいては、任意の委員会が例示から要請に改訂されたことに伴い、任意の委員会の一層の導入がなされている（詳細は Q19 参照）。

また、2021 年改訂後のコードにおいては、プライム市場上場会社に対し、任意の委員会の権限・役割等の開示が要請されていることから、今後、ガバナンス報告書における任意の委員会の権限・役割等の開示の充実化がなされていくことが想定される。

（注）本書では、単に「任意の委員会」といった場合、役員の指名及び報酬の決定に関し、取締役、監査役、社外有識者その他の構成員を委員とし、特に独立社外取締役の適切な関与・助言の下、取締役会の判断に関する助言等を行う委員会を指すものとする。また、役員の指名に関する任意の委員会を「指名委員会」、報酬の決定に関する任意の委員会を「報酬委員会」と呼ぶ。

Q2 コードにおける任意の委員会の位置付けの変遷（2018 年改訂）

A　2015 年制定時コードにおいては、任意の委員会の設置は例示されるにとどまっていたが、2018 年改訂コードにおいては、任意の委員会の設置が求められることとなった。

●解説

1　コードの内容と考え方

コードにおいては、「経営陣幹部・取締役の指名・報酬などに係る取締役会の機能の独立性・客観性と説明責任を強化する」ことが求められている（補充原則 4-10 ①）。そして、指名委員会等設置会社（役員の指名や報酬の決定は、過半数が社外取締役である法定の委員会の権限とされている）や、独立社外取締役が取締役会の過半数に達している場合は除外されている。

したがって、コードは、役員の指名や報酬の決定に関する法定の委員会が定められていない監査役会設置会社や監査等委員会設置会社においても、役員の指名や報酬の決定に、独立社外取締役を適切に関与させることが重要と考えていることが分かる。

2　コード策定時の背景及び 2015 年制定時コードの内容

平成 26 年会社法改正時に、法案策定時における議論において、任意の委員会が注目された。この動きは、2014 年 4 月の東証によるガバナンス報告書への、任意の委員会に関する記載事項の追加につながった[注1]。

また、コード策定の過程で出された経済同友会の意見[注2]等においても、監査役会設置会社及び監査等委員会設置会社であっても、任意の委員会を設けることの必要性について言及されていた。

このような議論の影響を受け、2015 年制定時コードにおいては、

独立社外取締役が役員の指名や報酬の決定に関与する方法の例示として、任意の委員会の設置について言及されていた。

3　2018年改訂の背景及び内容

　フォローアップ会議の議論において、CEOをはじめとする経営陣幹部や取締役の指名・報酬などの特に重要な事項に関する検討に当たっては、独立性・客観性ある手続を確立することが重要であるとの指摘がなされた。このような指摘を踏まえ、2018年改訂により、コード補充原則4-10①において、任意の指名委員会・報酬委員会の設置が例示から要請へと改訂された。

〔補充原則4-10①の変更箇所〕

> 　上場会社が監査役会設置会社または監査等委員会設置会社であって、独立社外取締役が取締役会の過半数に達していない場合には、経営陣幹部・取締役の指名・報酬などに係る取締役会の機能の独立性・客観性と説明責任を強化するため、**例えば、**取締役会の下に独立社外取締役を主要な構成員とする任意の**指名委員会・報酬委員会など、独立した**諮問委員会を設置すること**など**により、指名・報酬などの特に重要な事項に関する検討に当たり独立社外取締役の適切な関与・助言を得るべきである。

（太字下線：変更箇所）

（注1）東証上場第26号2014年4月21日「任意の委員会の設置状況の開示に係る『コーポレート・ガバナンスに関する報告書』記載要領の改訂について」。
（注2）https://www.doyukai.or.jp/policyproposals/articles/2014/pdf/141020a.pdf

Q3 コードにおける任意の委員会の位置付けの変遷（2021年改訂）

A 2021年改訂においては、独立性と権限・役割を重視する改訂が行われている。従来の実務上の理解を明確化する部分も多い。

●解説

2021年改訂においては、補充原則4-10①について、以下の改訂がなされている。

〔補充原則4-10①の変更箇所〕

> 　上場会社が監査役会設置会社または監査等委員会設置会社であって、独立社外取締役が取締役会の過半数に達していない場合には、経営陣幹部・取締役の指名**（後継者計画を含む）**・報酬などに係る取締役会の機能の独立性・客観性と説明責任を強化するため、取締役会の下に独立社外取締役を主要な構成員とする~~任意の指名委員会・報酬委員会など、~~独立した**指名委員会・報酬諮問**委員会を設置することにより、指名や~~・~~報酬などの特に重要な事項に関する検討に当たり、**ジェンダー等の多様性やスキルの観点を含め、これらの委員会の独立社外取締役の**適切な関与・助言を得るべきである。
> 　**特に、プライム市場上場会社は、各委員会の構成員の過半数を独立社外取締役とすることを基本とし、その委員会構成の独立性に関する考え方・権限・役割等を開示すべきである。**

（太字下線：変更箇所）

　上記のとおり、2021年改訂後のコードにおいては、「任意の」「など」といった文言が削除され、「独立した指名委員会・報酬委員会」の設置に表現が改められている。これは、取締役会から独立して、指名・報酬を検討する実質を有する委員会でなければならないこと

を明確にする趣旨で改訂されたものである[注1]。また、任意の委員会の権限は裁量の幅が大きく、それが故に強力にも非力にも設計することが可能である。そこで、2021年改訂後のコードにおいては、任意の委員会の独立性と権限・役割を重視した改訂がなされている。

　また、指名委員会の検討対象とすることが考えられる事項として後継者計画が示された点や、設置対象を「指名委員会・報酬委員会」に特定した点（その趣旨についてはQ15、23参照）、ジェンダー等の多様性やスキルの観点が検討対象に含まれることが示された点については、2021年改訂前から任意の委員会の設置・運営に際して実務上留意されていた点が明確化されたものとも評価することができる。

　そのほか、プライム市場上場会社は、各委員会の構成員の過半数を独立社外取締役とすることを基本とすることとされるとともに（Q6）、委員会構成の独立性に関する考え方・権限・役割等を開示すべきであるとされており、自社の実態に即した開示をガバナンス報告書において行うこととなる（Q77参照）。

　特に、上記のプライム市場上場会社に対する要請は、フォローアップ会議において、①任意の委員会の期待される機能発揮のためには独立性の確保が重要な要素の一つであるにもかかわらず、現状では十分ではないとの指摘があったことや、②任意の委員会は、CEOのみならず取締役の指名や後継者計画、企業戦略と整合的な報酬体系の構築などにも関与することが望ましいが、実際にはこれらの委員会にいかなる役割や権限が付与され、どのような活動が行われているのかが開示されていない場合が多い、との指摘があったことを踏まえたものであることに留意が必要である[注2]。

（注1）フォローアップ会議（第21回）議事録〔神作発言、三瓶発言〕。

（注2）島崎ほか8頁。なお、プライム市場上場会社についての特則は、市場区分の変更と併せて、2022年4月4日から適用される（同20頁）。

Q4 任意の委員会は経営者の行動を抑制するためのものか。

A 　任意の委員会は、多くの経営者にとって敵対的な制度ではなく、任意の委員会での評価やその支持を基盤として、成果を上げる経営者がより積極的な経営を進めることを可能とする意義がある。

●解説

　役員の指名や報酬に独立社外取締役の関与を深めるということは、万一、経営者が暴走するなど大きな問題が生じた場合はその行動を抑制することも期待されている。

　しかし、経営者が暴走するといった局面自体が例外的であるし、後述のとおり、任意の委員会では、経営者が作成した原案を審議することが想定されるところ、その審議は独立した社外取締役の目にも晒すことに最大の意義があり、原案を否定するなどして経営者の判断を覆すことが通常の姿とは考えられていない。

　むしろ、指名委員会にて、独立社外取締役から評価され、経営者として会社の指揮をとることを支持されたCEOは、その基盤を強めて、より積極的な経営を行うことが可能であり、また、それが期待されているというべきである。万一のときのブレーキが備わることにより、よりアクセルが踏めるともいえる。

　例えば、社長任期・役員定年が事実上存する企業では、いかに成果を上げた経営者といえども、自らの任期を伸長するような動きを主導することは事実上難しい。しかし、独立社外取締役が主要な構成員となる任意の委員会が、社長の手腕を評価し、その続投を求めれば、4〜6年という限られた在任期間に縛られることなく、経営者としての手腕を大きく発揮することも可能となる。

　この点が、近時のコーポレート・ガバナンス論議の中で、最も有

用な点であり、我が国の企業の経営を変える起爆剤となるという指摘もある^(注)。

（注）三品和広「経営学からみたコーポレート・ガバナンス改革」商事法務 2109 号（2016）64 頁。

Q5 コードが求める任意の委員会の要件

A　コードにおいては、任意の委員会は独立性が必要とされ、独立社外取締役を主要な構成員とすることが独立した委員会といえるための手法とされている。それに加え、任意の委員会が、実効的に、ジェンダー等の多様性やスキルの観点を含めて「適切な関与・助言」をできるように、委員会の権限や運営について配慮することが必要である。特に、プライム市場上場会社においては、各委員会の構成員の過半数を独立社外取締役とすることが基本とされるとともに、委員会構成の独立性に関する考え方・権限・役割についての開示が求められている点にも留意を要する。

●解説

　コード補充原則4-10①では、「取締役会の下に独立社外取締役を主要な構成員とする独立した指名委員会・報酬委員会を設置することにより、指名や報酬などの特に重要な事項に関する検討に当たり、ジェンダー等の多様性やスキルの観点を含め、これらの委員会の適切な関与・助言を得るべきである」として、任意の委員会については独立性が必要とされ、独立した委員会といえるための手法として独立社外取締役を「主要な構成員とする」ことが示されている。

　これは、任意の委員会を設置する目的が、指名・報酬などの特に重要な事項に関する検討にあたり任意の委員会の適切な関与・助言を得ることにあり、そのためには、独立社外取締役を単に委員として一人確保するだけでは足りないという考えに基づく。「主要な」の意義について、独立社外取締役の人数や割合、委員長の属性等の具体的な内容等については、個々の企業において、実効的に独立社外取締役の適切な関与・助言を得られるかとの観点から、合理的に

判断されるべきものであるとの見解も存する^(注)。

　また、任意の委員会を設置する際に、形式的に委員会を設置することのみでは、コード補充原則 4-10 ①への対応としては不十分であり、独立社外取締役を主要な構成員とするという形式的な対応（Q6）をとることでは足りないのは言うまでもない。その設置目的に照らし、ジェンダー等の多様性やスキルの観点を含め、実効的に、委員会の「適切な関与・助言」を得ることができるための実質的な配慮（任意の委員会の具体的な役割の明確化等）も必要である。また、対話ガイドラインにおいて、指名・報酬委員会が「必要な権限を備え」ているかという点が 2021 年改訂により追記されており（Q3 参照）、任意の委員会に対する実質的な配慮が重視されていると考えられる。

　具体的には、①まず任意の委員会の権限として、一定の十分な権限を確保することが重要である（Q9、11）。②また、独立社外取締役へ十分な情報提供を行うなどの運営上の措置も必要となる（Q39、57）。

　以上に加え、プライム市場上場会社においては、補充原則 4-10 ①において各委員会の構成員の過半数を独立社外取締役とすることが基本とされていることや（Q6）、委員会構成の独立性に関する考え方・権限・役割について、ガバナンス報告書において開示することとされており、これらの点についての開示が求められることに留意を要する（Q77）。

（注）田原ほか 11 頁。

Q6　「独立社外取締役を主要な構成員とする」、「各委員会の構成員の過半数を独立社外取締役とすることを基本」とは、それぞれどのような趣旨か。

A　従来から、補充原則 4-10 ①の趣旨に照らせば、「独立社外取締役を主要な構成員とする」とは、①委員の過半数が独立社外取締役か、または、②委員の半数が独立社外取締役であり、かつ、議長が独立社外取締役であることを指すとの理解が多かった。もっとも、実務上必ずしもそのような構成の委員会となっていないという実態を踏まえ、2021 年改訂に際し、プライム市場上場会社においては、上記①の構成を基本とすることを明確にする趣旨で「各委員会の構成員の過半数を独立社外取締役とすることを基本」とすることとされた。

●解説

Q5 のとおり、任意の委員会においては、独立社外取締役を「主要な構成員とする」ことが求められている。

この点について、いかなる場合に「独立社外取締役を主要な構成員とする」と評価できるかが議論の対象とされており、実効的に独立社外取締役の適切な関与・助言を得られるかとの観点から、合理的に判断されるべきとの見解が存する(注1)。その上で、従来から、補充原則 4-10 ①の趣旨に照らせば、一般的には、①委員の過半数が独立社外取締役か、または、②独立社外取締役が半数に過ぎなくても、議長が独立社外取締役である場合には、独立社外取締役が委員会の主要な構成員であると評価できるという理解が多かったところである。

他方、下図のとおり、2021 年改訂直後の時点で見ても、TOPIX500 構成銘柄企業においても 1 割強、TOPIX100 構成銘柄企業におい

ても1割弱の企業が、任意の委員会の構成として、前記①にも②にも該当しない構成をとっている[注2]。

〔社外取締役の委員が半数以下、かつ議長が社外取締役以外[注3]の企業[注4][注5]〕

TOPIX500		TOPIX100	
指名委員会	報酬委員会	指名委員会	報酬委員会
44社(11.5%)	42社(10.8%)	5社(6.8%)	7社(9.5%)

　このような実態を踏まえ、2021年改訂に際して、プライム市場上場会社においては、前記①の構成が「基本」となることを明確化する趣旨で、「各委員会の構成員の過半数を独立社外取締役とすることを基本」とすることとされた（補充原則4-10①）。もっとも、「基本」としている点については、委員会の構成員について、必ずしも独立社外取締役を過半数とすることのみとするのではなく、各社において、取締役会の機能発揮をより実効的なものとする観点から必要と考える独立性が確保されているといえる構成を検討することが想定されている[注6]。そのため、プライム市場上場会社においては、前記①の構成が「基本」となるものの、各社の状況に照らして、前記②の構成をもってコンプライと整理することも考えられる[注7]。仮に各社において、独立社外取締役が過半数を構成する場合以外に必要な独立性が確保されていると考えるときは、当該上場会社の委員会構成の独立性に関する考え方の開示において、投資家にとってもわかりやすいものであることが求められる[注8]。

(注1) 田原ほか11頁。
(注2) ガバナンス報告書上、委員及び議長の属性は「社外取締役」として開示されている。そのため、「独立社外取締役」が委員の半数以下、かつ議長でな

い企業は、より多いと考えられる。

(注 3) ガバナンス報告書において議長が「なし」「その他」と開示している企業を含む。

(注 4) 本書においては、TOPIX500 及び TOPIX100 構成銘柄企業に関し、2021 年 7 月 20 日までに提出されたガバナンス報告書に関する集計を行っている。以下の集計結果は、別段の記載がない限り、2021 年 7 月 20 日付のものである。

(注 5) 比率の計算における分母は、TOPIX500 及び TOPIX100 構成銘柄企業のうち、それぞれ任意の委員会を設置している企業数である（Q19）。

(注 6) パブコメ回答 186 番。

(注 7) パブコメ回答 156～159 番においても、「各社の置かれた状況に応じて、委員長を独立社外取締役とすることにより独立性を担保するということもあり得る」とされている。

(注 8) 島崎ほか 8 頁。

Q7 コード補充原則 4-10 ①についてのエクスプレインの内容

A 任意の委員会以外の場において独立社外取締役の十分な関与等を受けている旨を説明（エクスプレイン）する例が多い。

●解説

TOPIX500 構成銘柄企業においてコード補充原則 4-10 ①を実施せず説明（エクスプレイン）する企業は、2021 年 7 月 20 日時点で 53 社存在した。

その説明内容の主要なものは以下のとおりであり、社外取締役による会合、取締役会前の事前説明の機会等にて、独立社外取締役との間で十分意見交換をしている旨や監査等委員会からの意見を得ていることを述べるものが多い。このほか、任意の委員会の設置を検討事項として記載している例も存在する。

〔NTT データのガバナンス報告書（2021 年 12 月 24 日付）〕

> 　当社は、指名委員会・報酬委員会を設置していませんが、独立社外取締役及び監査等委員である取締役に対して、取締役会の決議に先立ち、経営陣幹部の報酬、取締役候補の選任、取締役会における専門分野等のバランス及び国際性の面を含む多様性（注）、また、後継者候補としての執行役員の人事を含む株主総会議案等の説明会を行い、適切な助言を得ております。これらの理由から、取締役会の機能の独立性・客観性と説明責任は十分担保されているものと考えております。
> 注：性別、年齢、職歴、人種、民族性、又は文化的背景などの要素を含む

〔大正製薬ホールディングスのガバナンス報告書（2021年12月29日付）〕

> 当社は、独立社外取締役が取締役会の過半数に達していませんが、独立した指名委員会・報酬委員会は設置しておりません。独立社外取締役の適切な関与・助言を得る機会は定期的な説明会等のコミュニケーション環境を整えることにより十分に確保されており、指名委員会・報酬委員会については現状では必要ないと判断しております。

〔飯田グループホールディングスのガバナンス報告書（2021年12月23日付）〕

> 当社は、独立社外取締役の関与・助言をいただきながら、独立社外取締役を主要な構成員とする独立した指名委員会・報酬委員会を取締役会の下に設置することについて検討した結果、各独立社外取締役が高い専門的な知識と豊富な経験を活かし、取締役会においてジェンダー等の多様性やスキルの観点を含めた意見を積極的に述べ、必要に応じて助言を行うなど、特に重要な事項の意思決定にあたり、適切に関与していることを踏まえ、現時点においては、取締役会の下に独立社外取締役を主要な構成員とする独立した指名委員会・報酬委員会は設置しておりません。

〔フジ・メディア・ホールディングスのガバナンス報告書（2021年12月23日付）〕

> 本報告書提出日現在、当社取締役会は15名の取締役のうち、5名が独立社外取締役であり、取締役会の監査・監督の強化に努めております。
> また、指名・報酬などの特に重要な事項に関する検討に当たっては、適宜、独立社外取締役の助言を得る他、独立社外取締役が過半数を占める監査等委員会からも、代表取締役との意見交換会を実施

する等の方法により独立社外取締役の適切な関与・助言を得ること
のできる体制にあると考えております。
　なお、独立した指名委員会・報酬委員会の設置については、会社
の状況に応じて今後も適宜検討してまいります。

Q8 任意の委員会と法定の委員会との差異

A　委員会の決定が会社法上の機関決定となるか否かが任意の委員会と法定の委員会との最大の差異であるが、権限が法定されているかも重要な差異である。

●解説

　任意の委員会と法定の委員会との1点目の差異として、任意の委員会は、会社法上の機関ではないため、任意の委員会の決定は会社法上の機関決定とはならないという点が挙げられる。したがって、任意の委員会の決定が会社を拘束するのは、会社法上の機関である取締役会の決議による委任の範囲内で委員会が決定をする場合か、委員会の決定後にそれと同内容の決議が取締役会によってされる場合である。任意の委員会における決定を行うのみで、取締役会の決議を全く経ずに業務執行が行われる場合には、当該業務執行は違法なものとなり得る。

　また、2点目の差異として、任意の委員会は設計の自由度が高いという点が挙げられ、その設計内容についても注目される。指名委員会等設置会社の指名委員会・報酬委員会の権限は強力なものとして法定されている（下記参照）。一方、任意の委員会の権限、つまり決議事項は裁量の幅が大きく、それが故に任意の委員会は強力にも非力にも設計が可能である。また、指名と報酬の関連性から共通の委員会とすることや、指名と報酬に共通する役員評価部分を共同で行う部会を設けるといった、柔軟な制度設計も可能である。

〔指名委員会等設置会社における指名委員会の権限〕

---

① 取締役選任議案の内容を決定（会社法404条1項）
② 取締役解任議案の内容を決定（同項）

〔指名委員会等設置会社における報酬委員会の権限〕

---

① 執行役・取締役の以下の個人別の報酬額の内容を決定（会社法404条3項、409条3項）
(ア) 確定額報酬について個人別の額
(イ) 未確定額報酬について個人別の具体的な算定方法
(ウ) 報酬としての株式について募集株式の数等
(エ) 報酬としての新株予約権について募集新株予約権の数等
(オ) 報酬としての株式または新株予約権と引換えにする払込みに充てるための金銭について、募集株式または新株予約権の数等
(カ) 非金銭報酬（株式及び新株予約権を除く）について個人別の具体的な内容
② 執行役が兼務する使用人の報酬額の内容を決定（会社法404条3項）
③ 執行役・取締役の個人別の報酬額の内容に係る決定に関する方針を決定（会社法409条1項）

A 定款に定めたとしても、取締役会専決事項については、任意の委員会に決定権や同意権を付与することはできないと考えられる。

●解説

1 決定権

　会社法上取締役会による決定が必要であり、取締役への委任が認められない事項を、取締役会の専決事項というが、取締役会の専決事項については、定款に定めたとしても、任意の委員会にその決定を委ねることはできない（Q10参照）。

　取締役会の専決事項以外は取締役への委任が可能であるから（会社法362条4項）、少なくとも、任意の委員会が取締役のみで構成されていれば、その決定を委ねることも、定款の定めの有無にかかわらず、当然に可能である。

　これに対し、例えば任意の委員会の委員に監査役・外部アドバイザー等の取締役以外の者が含まれている場合、業務執行性を有する事項について、かかる取締役以外の者が最終決定についてまで議決権を行使することができるのかという問題が生じ得る[注1]。この点に配慮する場合には、例えば、①任意の委員会では原案を決定し、最終決定については取締役会が行うこととするが、取締役会が決定するにあたっては任意の委員会の決定した原案を尊重することを諮問に際して明示することや、②最終決定は、取締役会の委任に基づき代表取締役社長において決定することとするが、その委任に際して、代表取締役社長は任意の委員会の決定した原案を尊重することを定めることも考えられる。

2 同意権

取締役会の専決事項について、定款の定めをもって任意の委員会の同意を条件とすることは可能であるとする見解がある[注2]。しかし、そのような条件を設けることは取締役会の専決事項に関する決定権限を制約する結果となり、従来の理解からは、そのような定款の定めは会社法に違反して無効となり得ると考えられる。

取締役会の専決事項ではない場合は、前記の決定権に関する議論との平仄からしても、任意の委員会の同意を条件とすることは、定款の定めの有無にかかわらず可能であると考えられる。但し、決定権を任意の委員会に対して委譲することと、任意の委員会の同意を条件とすることは、後者においては取締役会による自由な決定が制約されるという点で、性質を異にするという見解もあり得よう。

3 その他

学説の中には、定款の定めを設けて、任意の委員会の所管事項については、任意の委員会の承認を得れば法定の取締役会の決議要件による決議で会社の意思決定ができるが、任意の委員会の承認を得ていない議案は法定決議要件を上回る特別の決議要件による取締役会の決議によらなければ会社の意思決定とならない等を定めることにより、任意の委員会に相当強い権限を持たせることは可能であるという見解もある[注3]。

取締役会の専決事項でない事項については、前記の任意の委員会への決定権や同意権の付与と比較しても、定款の定めをもって取締役会の決議要件に差異を持たせることは可能と考えられる。

取締役会の専決事項についても、取締役会の決議要件は定款の定めにより加重することが可能であるから（会社法369条1項）、そのような定めも必ずしも会社法の強行法規性に反せず有効と解する余地はある。但し、加重の仕方によっては、任意の委員会に同意権を与えるのに等しいことにもなり得るので、異論も想定される。

（注1）取締役会から委譲された業務執行の決定権限を、取締役が更に使用人な
　　　どに再委譲することは可能と考えられていること（森本滋『会社法・商行為
　　　法手形法講義』74頁（第4版、成文堂、2014）、伊藤靖史＝大杉謙一＝田中
　　　亘＝松井秀征『会社法』178頁（第5版、有斐閣、2021）等参照）との平仄
　　　から、監査役や社外有識者が含まれている任意の委員会に業務執行の決定を
　　　委ねることは正当化される余地もある。また、特に業務執行性を有する事項
　　　として考えられるのは役員報酬の決定であるが、この点について、監査役が
　　　報酬委員会の委員として取締役の個人別の報酬等の決定に加わることは、監
　　　視・監督に関する活動であって業務執行ではないため、許容されると解する
　　　見解もある（藤田友敬ほか「新・改正会社法セミナー　令和元年・平成26
　　　年改正の検討　監査等委員会設置会社(1)」ジュリスト1556号（2021）70
　　　頁〔田中亘発言〕）。
（注2）太田洋「監査・監督委員会設置会社の設計と活用」商事法務1979号
　　　（2012）31頁。
（注3）江頭憲治郎『株式会社法』590頁注(2)（第8版、有斐閣、2021）。

Q10 取締役会が任意の委員会と異なる判断をすることは可能か。

A 　取締役会は、任意の委員会の判断に法的に拘束されないため、任意の委員会と異なる判断をすることは可能である。もっとも、異なる判断をする場合は高い合理性が必要であり、場合により説明責任の履行が求められる。

●解説

　取締役会は、原則として、任意の委員会の判断に法的に拘束されないため、任意の委員会と異なる判断をすることは可能である（Q8）。

　もっとも、任意の委員会を設置した企業は、役員の指名や報酬の決定については独立社外取締役の適切な関与・助言が重要であるというコードの趣旨に賛同して実施をし、任意の委員会を設け、その旨を開示しているものである。そのため、当該委員会の意見は取締役会の決定においても尊重されるものと投資家等は理解するはずである。

　それにもかかわらず、任意の委員会の判断を尊重しないという選択をとる場合には、そのような選択には相応に高い合理性が必要であり、投資家等への説明責任も観念され得る。また、特にプライム市場上場会社を中心に、任意の委員会の権限・役割等を開示している場合には、その権限・役割等の開示との整合性を確保する必要もある。

> **Q11** 取締役会が任意の委員会の判断を制約することは可能か。

A 取締役会が任意の委員会の判断を制約することも可能であるが、望ましくない場合がある。

●解説

1 制約の可否と評価

　Q10 と逆に、取締役会が任意の委員会の判断を制約することの可否も問題となる。例えば、取締役の「指名基準」を設け、当該指名基準に基づいて指名委員会において具体的な候補を決定するという例が見られる。

　任意の委員会は、法定の委員会ではないため権限も法定されておらず、かつ取締役会からの委任を受けて権限を行使する以上、取締役会の判断により枠組みや方針について一定の制約を課すことも可能である。これも、法定の委員会との差異である。

　もっとも、あまりに任意の委員会の判断に対する制約が行き過ぎると、役員の指名や報酬の決定に対して独立社外取締役の影響力を高めるという、任意の委員会の設置が求められた趣旨に反する場合があることも否定できない。

　例えば、取締役会が、指名委員会について、指名基準やコーポレートガバナンス・ガイドラインの一内容として、指名の一般的方針を超えた具体的方針や要件を決定し、任意の委員会が当該指名基準やガイドラインに基づく決定をするよう求めることは、独立社外取締役の影響力を低下させることになる。そのため、このような拘束は望ましくないという評価もあり得る。

2 独立社外取締役の比率による別考慮

　但し、取締役会自体の過半数を独立社外取締役が占めている場合

は、そもそも取締役会自体のみで決定を行ったとしても、そのような決定には独立社外取締役の意向が強く反映されているはずであり、異なる評価が可能であろう。

　このような企業において、任意の委員会を設ける趣旨は、むしろ意思決定のプロセスの合理化・効率化にあると考えられる。そのため、取締役会自体の過半数を独立社外取締役が占めているような企業においては、任意の委員会が従うべき具体的方針や要件を設けたとしても、それ自体で否定的な評価がなされるものではないだろう。

> **Q12** 取締役会が任意の委員会の判断を尊重する旨は、どこで定めるのか。

A 取締役会が任意の委員会の判断を尊重する旨を、各委員会の設置時の取締役会決議や、コーポレートガバナンス・ガイドライン又は取締役会規則等で定めることが考えられる。

●解説

　任意の委員会が求められる趣旨が、役員の指名や報酬の決定に任意の委員会を適切に関与させる必要があるというところにあることからすると、任意の委員会を設置することにとどまらず、その意見が取締役会においても尊重されて初めて、コーポレート・ガバナンス上も意味を持つ。

　そして、取締役会が任意の委員会の決定を尊重する旨は明示的に定められている方が、取締役会の事後の判断に対する拘束力も高まり、より任意の委員会に期待される機能を果たし得る。

　取締役会が任意の委員会の決定を尊重する旨を明示的に定めるならば、次の方法が考えられる。

① 各任意の委員会を設置する際の取締役会決議において、その決定を尊重する旨を決議する

② 取締役会で決定・変更するコーポレートガバナンス・ガイドライン又は取締役会規則、各委員会の規則等において、任意の委員会の決定を尊重する旨を定める

〔アステラス製薬「コーポレートガバナンス・ガイドライン」〕

> 第11条（指名委員会・報酬委員会の役割）
> 　当社は、役員人事および報酬制度における審議プロセスの透明性

> と客観性を高めるため、取締役の諮問機関として指名委員会および
> 報酬委員会を設置します。取締役会は、指名委員会および報酬委員
> 会の具申内容を尊重します。

〔大和ハウス工業「コーポレートガバナンスガイドライン」〕

> （社外取締役）
> 第20条（第2項）　社外取締役は、会社法に定める社外取締役の要
> 件だけでなく、原則として指名諮問委員会が定める「社外役員の独
> 立性判断基準」を充足する者を選任する。

更に、定款において、任意の委員会の設置及びその決定が取締役
会で尊重されるべき旨を定める例も見受けられる。取締役は定款の
遵守義務を負っている（会社法355条）こと等から、このような定
め方にも意義があると思われる。

〔第一生命ホールディングス定款（2016年10月1日）〕

> （指名諮問委員会）
> 第26条　当会社は、取締役会の諮問機関として指名諮問委員会を
> 置く。
> 2．指名諮問委員会は、取締役会に提出する監査等委員である取締
> 役とそれ以外の取締役の選任および解任に関する議案の内容を審
> 議し、取締役会は、指名諮問委員会の意見を尊重して、その決定
> を行う。
> 3．指名諮問委員会の委員は取締役会の決議によって選任する。
>
> （報酬諮問委員会）
> 第35条　当会社は、取締役会の諮問機関として報酬諮問委員会を
> 置く。
> 2．報酬諮問委員会は、取締役会に提出する取締役の報酬等に関す

る議案の内容および監査等委員である取締役以外の取締役の個人
　　別の報酬等の内容を審議し、取締役会は、報酬諮問委員会の意見
　　を尊重して、その決定を行う。
　3．報酬諮問委員会の委員は取締役会の決議によって選任する。

Q13 　任意の委員会の答申内容は決議で決める必要があるか。

A　答申内容は決議で決めることが望ましいが、決議で一本化せず、各委員の意見を伝える選択も考えられる。

●解説

　独立社外取締役を主要な構成員（プライム市場上場会社の場合は過半数を基本）とする任意の委員会を設けて、指名や報酬という重要事項についての任意の委員会の適切な関与や助言を求める趣旨は、取締役会の一員としての強い関与を独立社外取締役に求めるものと考えられる（コード補充原則4-10①参照）。そして、最も強い関与の方法としては、独立社外取締役が過半数を占める任意の委員会で、独立社外取締役の意見が反映された結論を出し、当該結論について取締役会に尊重を求めることが考えられる。このような方法をとる場合は、任意の委員会も、指名委員会等設置会社の指名委員会や報酬委員会にその性格が近づくといえる。

　したがって、任意の委員会においては、答申内容は決議（多数決）にて決定し、取締役会に当該決議内容の尊重を求めることが望ましいと考えられる。

　しかし、任意の委員会の過半数を独立社外取締役が占めない場合などでは、決議で一本化した結果、少数派の独立社外取締役の意見が答申に反映されない場合も考えられる。また、任意の委員会で決議をしない場合も、少人数の委員会形式で検討をすることで、取締役会全体による検討よりも、独立社外取締役の関与や影響力は相対的には強化されるともいえる。

　よって、答申内容を決議で一本化せずに、取締役会に各委員の意見を伝えるという設計も考えられる[注]。

（注）　杉山忠昭＝三笘裕「取締役会実効性評価をめぐる各社の取組み⑴監査役
　　会設置会社・花王の取組み」商事法務 2106 号（2016）15 頁〔杉山発言〕
　　参照。

Q14 任意の委員会に対する評価

A　任意の委員会の一層の導入が進んでおり、取締役の過半数が社外取締役でない限り、任意の委員会の設置を求めるのが機関投資家の一般的なスタンスとなりつつある。もっとも、任意の委員会は設計の自由度が高いことから十分に機能しているか分からない等の批判も強いため、今後は権限、役割等の開示が一層重要となる。

●解説

　2018年改訂コードにおいて任意の委員会の設置が正面から求められることとなったが（コード補充原則4-10①。Q2参照）、この見直しは投資家側の意見も踏まえたものである[注1]。これを受け、任意の委員会の一層の導入が進んでおり（Q19参照）、取締役の過半数が社外取締役でない限り、任意の委員会の設置を求めるのが機関投資家の一般的なスタンスとなりつつあると考えられる。

　もっとも、任意の委員会は設計次第で企業のガバナンスに与える意義が大きく異なり得る（Q8参照）。また、任意の委員会を設置する趣旨は、経営陣幹部や取締役の指名・報酬などの特に重要な事項に関する検討に当たって、独立性・客観性ある手続を確立することにある。これらの点を踏まえると、任意の委員会の設置それ自体が、投資家の議決権行使（例えば経営トップの取締役再任議案への賛否）に大きな影響を与える場合は限定的なものであり、任意の委員会については、その設置にとどまらず具体的な構成・権限等の実態面が担保されていることが重要である。

　実際に、CGSガイドラインにおいても、指名や報酬に関する委員会は、その柔軟性・自由度が高いメリットがある一方、設計・運用次第では非力にもなり得るとされており、指名や報酬に関する委

員会を設置する際に、委員会の構成、諮問対象者の範囲、諮問事項の内容、取締役会との関係、スケジュール（開催頻度・時間）及び事務局の体制等について、どのように設計・運用するかを検討することが重要であるとされている(注2)。

　これらの問題意識を踏まえ、2021年改訂においては、任意の委員会における独立性と権限・役割を重視する改訂が行われている（Q3参照）。また、プライム市場上場会社においては、委員会構成の独立性に関する考え方・権限・役割について、ガバナンス報告書において開示することとされており、今後は、機関投資家から見た評価との関係でも、任意の委員会の権限、役割等の開示が一層重要となると考えられる。

　他方、任意の委員会については、役員の指名や報酬の決定という特に重要な事項を、3名程度の少数の取締役のみで決定することは、取締役会自体の形骸化、あるいは他の取締役から見た際に決定過程がブラックボックス化する、極端に一部の取締役に権限が集中するなどの懸念が挙げられている。この点は法定の委員会、すなわち指名委員会等設置会社における指名委員会等についても、従来から指摘があった点である。

　この点について、日本取締役協会は、以下のとおり、2011年に柔軟設計型委員会設置会社の提言をしている。これは、指名委員会等設置会社について、取締役の過半数が社外取締役であれば、指名委員会、報酬委員会及び監査委員会の全ての設置を義務付けなくともよいのではないかという提案である。この趣旨は、アメリカにおける指名委員会と同様、指名委員会を設けて役員の指名等について検討するものの、最終決定は多くの人員が関与し、かつ過半数が社外者である取締役会で決定するべきであるというものである。

〔日本取締役協会「取締役会の監督機能の充実に向けた機関設計に関する提言～柔軟設計型委員会設置会社の導入に向けて～」（2011 年 11 月 30 日付）〕

　　そこで、日本取締役協会・会社法制委員会と致しましては、わが国のコーポレート・ガバナンスの一層の向上を図ることを目的として、わが国においてもモニタリング・モデルに基づいた企業統治制度がより定着して行くことを確保すべく、現在議論されている会社法制見直しに伴い、現行の委員会設置会社制度はそのまま維持しつつも、新たに下記の柔軟設計型委員会設置会社制度を採用することを可能とする制度改正が行われるべきであると考えます。

記

1．取締役会の過半数が「独立取締役」で構成されていることを条件として、現行の委員会設置会社における、いわゆる必置三委員会の設置義務を解除し、会社が必要と考える任意の委員会を設置することができるものとする（以下「柔軟設計型委員会設置会社」という。）。なお、柔軟設計型委員会設置会社制度を採用するためには、定款でその旨定めることを必要とするものとする。

2．各委員会の権能、構成員の要件及び決議要件等は、原則として、柔軟設計型委員会設置会社が定款又は定款所定の授権規定に基づく取締役会規則により任意に定めることができるものとする。但し、現行の委員会設置会社における監査・指名・報酬委員会のいずれかに相当する委員会が設置された場合には、それらの委員会の決定のみが終局的に柔軟設計型委員会設置会社を拘束するものとするためには、当該委員会の構成員の過半数が独立取締役でなければならないものとする。

3．柔軟設計型委員会設置会社は、執行役を設置するものとし、監査役・監査役会を設置することはできないものとする。なお、柔軟設計型委員会設置会社における執行役の権限、選・解任手続、任期その他の枠組みについて

> は、原則として現行の委員会設置会社制度における執行
> 役と同様とする。

　このような批判も踏まえると、取締役会の構成員全員（特に
CEO以外の社内取締役を含む場）で議論しにくい事項を任意の委員
会で議論するという意義とのバランスも踏まえつつ、任意の委員会
の審議内容について取締役会への報告の在り方を工夫していくこと
も重要であると考えられる。

（注1）2018年3月13日フォローアップ会議（第15回）〔三瓶発言〕等。
（注2）CGSガイドライン45頁。

Q15 指名委員会と報酬委員会は別々に設置すべきか。

A 独立社外取締役数が少ない場合など、指名委員会と報酬委員会を同一の委員会とすることが合理的な場合もある。

●解説

1 別々の委員会を設置する視点

　一般的に、監督の効率性の観点からは、法定・任意にかかわらず、各委員会に取締役を割り振って業務を分担するのが合理的であると考えられる。取締役が多数の場合には特にそのような考慮が妥当する。

　また、役員の指名や報酬の決定においては、それぞれ職務も相違するので、適任といえる取締役が異なりうる。特に、社外取締役について多様性を確保している企業については、各社外取締役をいずれか一方の委員とした方が適切な場合もあろう。

　フォローアップ会議においても、任意の指名委員会と報酬委員会とでは果たすべき機能・役割が異なるため、指名委員会と報酬委員会について書き分ける形でコードを精緻化していく必要があるといった意見も出されていた[注1]。

　このような観点からは、指名委員会と報酬委員会は別々の委員会とすることが合理的といい得る。

2 単一の委員会を設置する視点

　他方で、任意の委員会を設置する趣旨として、監督の独立性を確保するという観点が存在する。監督の独立性の観点からは、2021年改訂の趣旨に照らせば、指名に関する事項と報酬に関する事項の検討をいずれも実効的に行える実質が備わっているのであれば、指名委員会と報酬委員会を別の委員会とし設置することが必須とまで

は考えられない[注2]。

　そもそも、独立社外取締役が少数であれば、複数の委員会とするのは不可能又は不合理な場合も存在すると思われる。例えば、独立社外取締役が2名しかおらず、指名・報酬ともに任意の委員会の委員を3名にとどめた上で独立社外取締役を2名とも委員にするのに、あえて別の委員会を設置し、別に会議を開催するということに、大きな意義を見出すことはできないという考え方もあろう。

　現実に、多くの企業が2021年改訂に対応する前のデータではあるが、下記3のとおり、指名委員会と報酬委員会を共通の委員会とする企業が、一定程度存在する。もっとも、指名委員会と報酬委員会とを兼ねる一つの諮問委員会を設置する場合には、上記のようなフォローアップ会議の議論も存在することから、委員会の構成や運営の方法、委員会の権限、役割等について、より丁寧に開示することが望ましいと思われる。

3　TOPIX 構成銘柄企業における動向

　TOPIX100構成銘柄企業においては、企業規模が大きくなっていることもあり、TOPIX500構成銘柄企業と比較すると、指名委員会と報酬委員会をそれぞれ別個の委員会として設置する企業が多い。

〔指名委員会と報酬委員会を共通の委員会とする企業〕[注3]

TOPIX500	TOPIX100
222 社 /380 社（58.4%）	36 社 /72 社（50.0%）

（注1）フォローアップ会議（第21回）議事録〔神作発言〕。

（注2）澤口実監修、内田修平＝小林雄介編著『コーポレートガバナンス・コードの実務』181〜182頁（第4版、商事法務、2021）。なお、芳川雄磨「コーポレートガバナンス・コードの改訂を踏まえた『コーポレート・ガバナンスに関する報告書』の作成上の留意点」商事法務2268号（2021）30頁（注7）も、2021年改訂によるコード補充原則4-10①の表現の変更については、委員会について特定の名称を用いることなど、改訂前に設定されている委員会の設置形態等を実質的に変更することを求めるものではないとしている。

（注3）分母は、ガバナンス報告書において、指名委員会又は報酬委員会のいずれか又は両方を設置している旨開示している企業数である。

Q16 指名委員会と報酬委員会における役員の評価は重複しないか。

A 指名と報酬において役員の評価は重複する部分は相応にあるが、相違する部分もある。

●解説

　指名委員会と報酬委員会における役員の評価が重複するのであれば、両委員会を別個のものとして構成する必要はなく、単一の委員会を設置すれば足りるという判断に傾く（Q15参照）。

　指名に関しても、報酬の決定に関しても、判断の前提として経営陣幹部、特に経営トップの評価が必要となる。そのため、このような観点からは、指名及び報酬の決定において、評価は重複することになる。この点を踏まえると、評価について指名委員会と報酬委員会が共に利用する前提で部会を設置するといった対応も考えられる[注]。

　他方、具体的な評価のプロセスをみると、目的の相違に起因して異なる部分も見られる。指名委員会においては、役員の選任という目的の性質上、考慮される要素に主観的要素が多く、また、数値化が困難な要素が評価に含められる傾向が存在する。他方で、報酬委員会においては、報酬がインセンティブとして機能するようにするためにも、評価において、客観的で数値化が可能な要素が重視される傾向が見られる。

　結局、指名委員会と報酬委員会における役員の評価は、重複する部分は相応にある一方、相違する部分が存することも否定できない。

（注）過去に、資生堂の統合レポート（2020 年 12 月期）では、「当社のコーポレートガバナンスでは、CEO に適切な権限を集中させつつ、その権限に拮抗できる強い監督機能を備えることが求められます。このため、CEO については、役員指名諮問委員会および役員報酬諮問委員会に共通の審議機関として特別に設置した『評価部会』において、再任および交代等に関する審議・検討を実施しています。評価部会は、CEO の個人考課を含む業績評価と報酬額水準の妥当性の確認も行っており、任免とインセンティブ付けの両側面から、CEO を包括的に監督しています。なお、評価部会のメンバーは、CEO および CEO が率いる業務執行体制からの独立性を重視し、社外取締役および社外監査役のみで構成しています」とされていた。

Q17 指名委員会と報酬委員会の連携

A 　例えば、経営陣幹部の変更をすることは不適当であるが、報酬は低く評価するのが相当であるような場合には、両委員会の連携が重要となる。

●解説

　指名委員会と報酬委員会を単一の委員会ではなく別個の委員会として設置した場合（Q15、16参照）、両委員会を連携させるべきか、させるとしてどのように連携させるかが問題となる。

　この点については、両委員会を連携させるべきであることは言うまでもない。両委員会がその判断の前提とする業績の評価等の点で重複する業務も少なくないためである（Q16参照）。

　また、役員人事は選解任というドラスティックな手段による監督であることから、そこに至らない選択肢・バッファという観点から、報酬の決定が機能することがあり得る。すなわち、例えば経営陣幹部を解任するという最後の手段に出ることは合理的ではないものの、経営陣幹部の成果が妥当であるとは評価できない場合に、報酬を低く評価するという選択もある。このような監督手法をとるためには、指名委員会と報酬委員会の連携が重要であり、米国においても同様の傾向がある（Q41参照）。

Q18 監査役が任意の委員会に委員として参加してもよいのか。

A　監査役が任意の委員会に委員として参加することは可能であり、独立社外取締役が少ない場合に、独立した社外監査役を委員とすることも不合理ではない。

●解説

1　監査役を任意の委員会の委員とすることの意義

任意の委員会は会社法上の機関ではなく、その機関設計の自由度は高い（Q8参照）。監査役が任意の委員会の委員となることも当然許容される。

また、独立性の観点からも、企業に、任意の委員会の委員とすることができる十分な数の独立社外取締役が存しない場合に、独立した社外監査役を委員とすることは、合理的な選択肢である[注1]。

実際にも、指名委員会であるか報酬委員会であるかを問わず、任意の委員会の委員として監査役が参加する例は多く存在する。監査役設置会社に対するアンケート[注2]によれば、任意の委員会を設置している監査役設置会社である上場会社（回答社数1,016社）のうち、監査役が委員として参加している上場会社は274社に及ぶ。

2　任意の委員会の委員とすること以外の選択肢

他方、監査役を任意の委員会の委員とすることについては、留意すべき点も存在する。役員の指名や報酬の決定は、取締役会の主要な権限であり、本来的には、役員の指名や報酬に関与する任意の委員会の委員として適任であるのも、取締役であるといえる。また、任意の委員会が単なる助言を行うのみならず、取締役会から権限の委譲を受ける場合（個人別の報酬の決定等。Q32、52等参照）には、取締役会から権限の委譲を受ける委員会に非取締役がメンバーとし

て含まれているという点は、会社法上の適法性に関する議論を生じ得る（Q9参照）。

　このような点に照らせば、監査役を任意の委員会の議決権を有しないオブザーバー又はアドバイザーとして参加させるという選択もあり得る。監査役設置会社に対するアンケート^(注3)によれば、任意の委員会を設置している監査役設置会社である上場会社（回答社数1,016社）のうち、監査役がオブザーバーとして関与している企業は103社存在する。

(注1) CGSガイドライン93頁では、任意の委員会について、「特に、十分な数の社外取締役が存在しない場合、社外者比率を高める観点や、社外取締役では足りない見識を補う観点から、補完的に、社外監査役を委員にすることに一定の合理性がある」とされている。また、パブコメ回答186番においても、任意の委員会について、「各社の置かれた状況に応じて、社外監査役を委員会の構成員に含める場合もあり得るものと考えられます」とされている。
(注2) 公益社団法人日本監査役協会「役員等の構成の変化などに関する第21回インターネット・アンケート集計結果　監査役（会）設置会社版」（2021年5月17日）38頁。
(注3) 公益社団法人日本監査役協会・前掲注2・38頁。

第 2 章

任意の委員会の導入状況

Q19 導入企業数とその推移

A 　任意の委員会の導入企業数は増加を続けている。TOPIX500及びTOPIX100では約9割以上の会社が導入している。全上場企業においても、導入企業数が6割に近づいてきている。

●解説

　任意の委員会を導入している企業[注1]の数の推移は以下のとおりであり、2015年制定時コード適用開始から1年強で約10倍に増加し、その後も増加している。

〔任意の委員会を導入している上場会社数〕

2015年6月12日時点	64社
2015年10月6日時点	251社
2016年8月30日時点	610社
2018年7月31日時点	858社
2019年11月14日時点	1,276社
2020年10月5日時点	1,528社
2022年2月15日時点	2,067社

　より詳細にみると、2021年7月20日時点における設置企業の比率は、TOPIX500及びTOPIX100構成銘柄企業（指名委員会等設置会社を除く、監査役設置会社及び監査等委員会設置会社）において、次のとおりとなっている[注2]。TOPIX100構成銘柄企業の方が、TOPIX500構成銘柄企業よりも任意の委員会を設置している

比率が高いことから、企業規模が大きいほど、任意の委員会を設置している傾向があるが、TOPIX500 と TOPIX100 構成銘柄企業の差は縮小してきており、任意の委員会の設置が浸透している。

〔TOPIX500 及び TOPIX100 構成銘柄企業における任意の委員会の設置状況（2021 年 7 月時点）〕

	指名委員会	報酬委員会
TOPIX500 構成銘柄企業	382 社 /428 社 （89.3%）	390 社 /428 社 （91.1%）
TOPIX100 構成銘柄企業	73 社 /77 社 （94.8%）	74 社 /77 社 （96.1%）

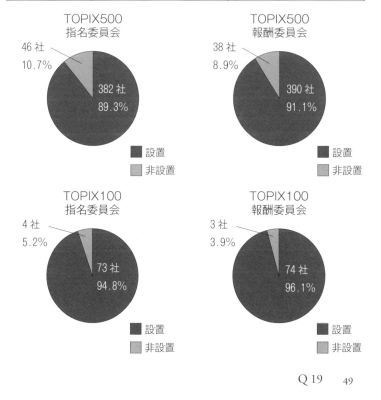

なお、上記のTOPIX500及びTOPIX100構成銘柄企業に係る集計後、全上場会社における任意の委員会の設置もさらに進み、2022年2月時点では、上記のとおり2,067社が任意の委員会を設置している。監査役設置会社及び監査等委員会設置会社3,685社のうち、6割に近い企業が任意の委員会を設置していることになる。

〔全上場会社における任意の委員会の設置状況（2022年2月時点）〕^(注3)

任意の委員会 （指名委員会又は 報酬委員会の いずれかを設置）	指名委員会	報酬委員会
2,067社 /3,685社 （56.1%）	1,890社 /3,685社 （51.3%）	2,040社 /3,685社 （55.4%）

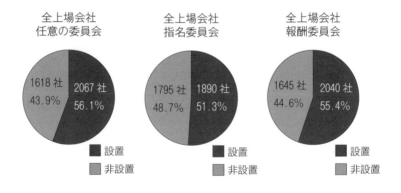

（注1）それぞれの時点において、東証コーポレート・ガバナンス情報サービス
（https://www2.tse.or.jp/tseHpFront/CGK010010Action.do?Show=Show）
において、「指名委員会又は報酬委員会に相当する任意の委員会の有無」欄が
「有」とされている企業をいう。従来から、指名・報酬に限らない非定型の
委員会は多く存在しており、ガバナンス報告書においてもそのような非定形
の委員会を設置している旨を開示している企業も存在するが、本書の集計に
おいては原則として対象としない。
（注2）それぞれ、2021年7月20日時点の集計結果に基づく。なお、2021年
7月14日時点のコーポレート・ガバナンスに関する報告書の記載をもとに
東京証券取引所が集計を行った結果では、東証第一部上場会社2,191社中、
指名委員会を設置する企業は63.1%、報酬委員会を設置する企業は67.2%
であったとのことである（https://www.jpx.co.jp/news/1020/nlsgeu000005
poi8-att/nlsgeu000005polb.pdf）。
（注3）それぞれ、2022年2月15日時点の集計結果に基づく。なお、全上場
会社の母数は、同日時点の東証コーポレート・ガバナンス情報サービスにお
いて、監査役設置会社又は監査等委員会設置会社として開示されている企業
の合計数である。

Q20 委員数の傾向

A 任意の委員会の委員数は、3～6名が多いが、5名が最も多い。

●解説

〔TOPIX500及びTOPIX100構成銘柄企業における任意の委員会の委員数の分布[注1]〕

人数	TOPIX500		TOPIX100	
	指名（社）	報酬（社）	指名（社）	報酬（社）
3	42（11.0%）	54（13.8%）	3（4.1%）	5（6.8%）
4	68（17.8%）	62（15.9%）	19（26.0%）	17（23.0%）
5	144（37.7%）	140（35.9%）	31（42.5%）	30（40.5%）
6	61（16.0%）	63（16.2%）	8（11.0%）	10（13.5%）
7	38（9.9%）	43（11.0%）	9（12.3%）	8（10.8%）
8	16（4.2%）	13（3.3%）	3（4.1%）	2（2.7%）
9	11（2.9%）	12（3.1%）	0（0.0%）	1（1.4%）
10	2（0.5%）	2（0.5%）	0（0.0%）	0（0.0%）
11	0（0.0%）	1（0.3%）	0（0.0%）	1（1.4%）

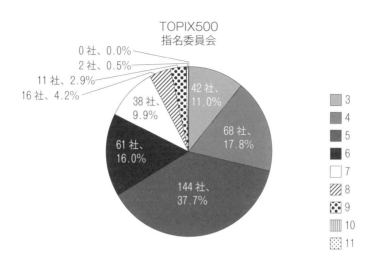

TOPIX500
指名委員会

0社、0.0%
2社、0.5%
11社、2.9%
16社、4.2%
38社、9.9%
61社、16.0%
144社、37.7%
42社、11.0%
68社、17.8%

凡例：
3
4
5
6
7
8
9
10
11

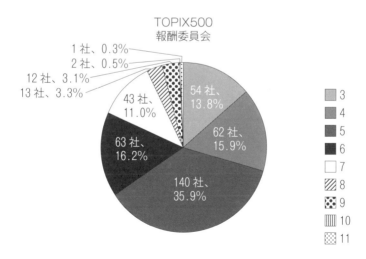

TOPIX500
報酬委員会

1社、0.3%
2社、0.5%
12社、3.1%
13社、3.3%
43社、11.0%
63社、16.2%
140社、35.9%
54社、13.8%
62社、15.9%

凡例：
3
4
5
6
7
8
9
10
11

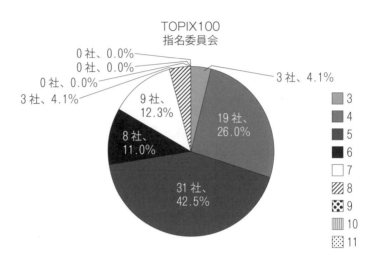

TOPIX100
指名委員会

0社、0.0%
0社、0.0%
0社、0.0%
3社、4.1%
9社、12.3%
8社、11.0%
3社、4.1%
19社、26.0%
31社、42.5%

- 3
- 4
- 5
- 6
- 7
- 8
- 9
- 10
- 11

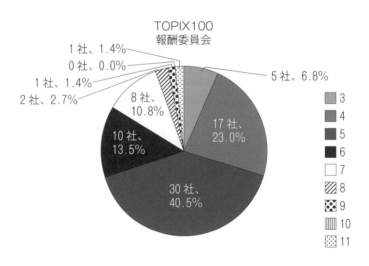

TOPIX100
報酬委員会

1社、1.4%
0社、0.0%
1社、1.4%
2社、2.7%
8社、10.8%
10社、13.5%
5社、6.8%
17社、23.0%
30社、40.5%

- 3
- 4
- 5
- 6
- 7
- 8
- 9
- 10
- 11

任意の委員会の委員数は、上図のとおり、委員数が少ない会社で3名、多い会社で11名とする例が見られる。

　委員数は、TOPIX500及びTOPIX100構成銘柄企業のそれぞれにおいて、3～6名が多く、その中でも特に5名とする例が最も多い。委員数の中央値も、TOPIX500及びTOPIX100構成銘柄企業における指名委員会及び報酬委員会のいずれにおいても、5名となっている(注2)。

　委員の構成については、Q21を参照されたい。

（注1）各社数割合の母数は、原則としてQ19の「TOPIX500及びTOPIX100構成銘柄企業における任意の委員会の設置状況」に従っている。

（注2）最も委員数が多かった（11名）のは花王の報酬委員会であり、8名の取締役のうち代表取締役、取締役会長及び社外取締役の全8名、並びに、5名の監査役のうち社外監査役の全員（3名）が委員とされている。

Q21 委員構成や議長選定の傾向

A　TOPIX500では社外取締役が委員の過半数を占める企業が約8割であり、議長が社外取締役である企業も半数以上である。

●解説

1　委員における社外取締役の比率

委員における社外取締役の比率は、次の図表のとおりとなっている。TOPIX500及びTOPIX100構成銘柄企業のいずれにおいても、指名委員会と報酬委員会において、社外取締役が過半数を占める企業が約8割である。さらに、社外取締役が半数以上、すなわち社外取締役が賛成しなければ多数決による決議ができない企業は、TOPIX500及びTOPIX100構成銘柄企業において8割を超えている(注1)。

なお、社外取締役が過半数である企業及び社外取締役が半数以上の企業の割合は、TOPIX500構成銘柄企業とTOPIX100構成銘柄企業との間であまり差異は見られなかった。

〔TOPIX500 及び TOPIX100 構成銘柄企業における任意の委員会の社外取締役比率〕

社外取締役の比率		過半数	半数以上
TOPIX500	指名委員会	78.5%	89.0%
	報酬委員会	77.9%	87.4%
TOPIX100	指名委員会	82.2%	89.0%
	報酬委員会	77.0%	85.1%

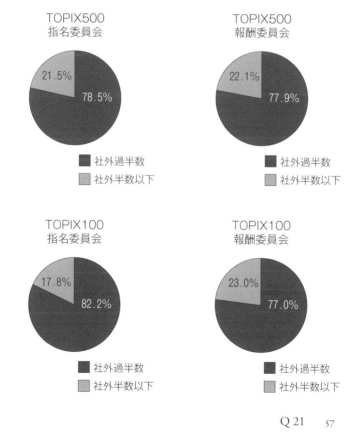

2 議長の属性

　任意の委員会の議長の属性は、次の図表のとおりとなっている。
TOPIX500構成銘柄企業とTOPIX100構成銘柄企業とを比較す
ると、TOPIX100構成銘柄企業の方が、議長を社外取締役とする
企業が多く、7割以上となっている。もっとも、TOPIX500構成
銘柄企業においても、過半数の企業が、指名委員会と報酬委員会に
おいて議長を社外取締役としている。

〔TOPIX500及びTOPIX100構成銘柄企業における任意の委員会の議
長の属性〕

議長の属性		社外取締役	社内取締役	議長無し	その他
TOPIX500	指名委員会	59.7%	36.6%	2.1%	1.6%
	報酬委員会	61.5%	34.1%	2.3%	2.1%
TOPIX100	指名委員会	72.6%	26.0%	1.4%	0.0%
	報酬委員会	70.3%	25.7%	1.4%	2.7%

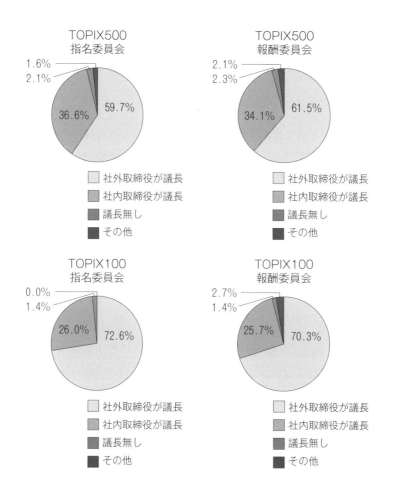

TOPIX500
指名委員会

1.6%
2.1%
36.6% 59.7%

☐ 社外取締役が議長
☐ 社内取締役が議長
■ 議長無し
■ その他

TOPIX500
報酬委員会

2.1%
2.3%
34.1% 61.5%

☐ 社外取締役が議長
☐ 社内取締役が議長
■ 議長無し
■ その他

TOPIX100
指名委員会

0.0%
1.4%
26.0% 72.6%

☐ 社外取締役が議長
☐ 社内取締役が議長
■ 議長無し
■ その他

TOPIX100
報酬委員会

2.7%
1.4%
25.7% 70.3%

☐ 社外取締役が議長
☐ 社内取締役が議長
■ 議長無し
■ その他

3　コード補充原則4-10①が求める構成との関係

　Q6のとおり、コード補充原則4-10①では、「独立社外取締役を主要な構成員とする独立した指名委員会・報酬委員会」の設置が求められている。ここでいう独立社外取締役を「主要な構成員とする」ことの意義としては、Q6のとおり、①委員の過半数が独立社外取締役か、または、②委員の半数が独立社外取締役であり、か

つ、議長が独立社外取締役であると理解されることが多い。

　ガバナンス報告書によれば、委員の過半数が社外取締役ではない（つまり、委員のうち、社外取締役は半数以下である）企業のうち、議長を社外取締役としている企業も、次の図表のとおり、10～13%程度存在する。ガバナンス報告書上、委員及び議長の属性は「社外取締役」として開示されているため、「独立社外取締役」が議長である企業はこれよりも一定程度少ないと考えられるが、いずれにせよ相当数の企業が、独立社外取締役を議長とすることで「主要な構成員とする」という原則にこたえようとしていると考えられる。なお、委員のうち、社外取締役が半数未満の企業においても、議長を社外取締役とする例が6～9%程度みられる。

〔TOPIX500及びTOPIX100構成銘柄企業における任意の委員会の構成〕

議長の属性と委員構成		社外取締役が議長	（うち、社外取締役が半数以下）	（うち、社外取締役が半数未満）
TOPIX 500	指名委員会	228社 (59.7%)	37社 (9.7%)	22社 (5.8%)
	報酬委員会	240社 (61.5%)	43社 (11.0%)	30社 (7.7%)
TOPIX 100	指名委員会	53社 (72.6%)	8社 (11.0%)	6社 (8.2%)
	報酬委員会	52社 (70.3%)	10社 (13.5%)	7社 (9.5%)

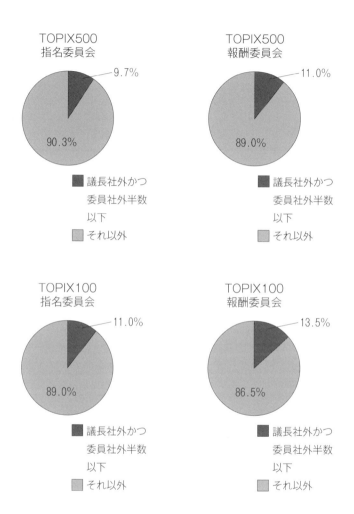

TOPIX500
指名委員会

9.7%

90.3%

■ 議長社外かつ
　委員社外半数
　以下
　それ以外

TOPIX500
報酬委員会

11.0%

89.0%

■ 議長社外かつ
　委員社外半数
　以下
　それ以外

TOPIX100
指名委員会

11.0%

89.0%

■ 議長社外かつ
　委員社外半数
　以下
　それ以外

TOPIX100
報酬委員会

13.5%

86.5%

■ 議長社外かつ
　委員社外半数
　以下
　それ以外

〔社外取締役の委員が半数以下、かつ議長が社外取締役以外^(注2)の企業〕（Q6 参照）

TOPIX500		TOPIX100	
指名委員会	報酬委員会	指名委員会	報酬委員会
44 社（11.5％）	42 社（10.8％）	5 社（6.8％）	7 社（9.5％）

　また、Q6 のとおり、補充原則 4-10 ① の 2021 年改訂により、プライム市場上場会社については、任意の委員会の構成員の過半数を独立社外取締役とすることを基本とすることが求められることになった。この点の改訂については 2022 年 4 月 4 日から適用されることになるが、プライム市場上場会社においては、上記①または②の構成をとる会社が増加することが予想される。

─────────────

（注 1）各社数割合の母数は、Q19 の「TOPIX500 及び TOPIX100 構成銘柄企業における任意の委員会の設置状況」に従っている。
（注 2）ガバナンス報告書において議長が「なし」「その他」と開示している企業を含む。

> # Q22 社外有識者が委員に含まれる任意の委員会

> A 社外有識者が委員に含まれている任意の委員会は、各委員会
> の0~5%程度である。

●解説

　社外有識者が委員に含まれている任意の委員会は、ガバナンス報告書によれば、0~5%程度であり、社外有識者が委員に含まれている任意の委員会の割合は、報酬委員会の方が、指名委員会よりも若干多くなっている。TOPIX100構成銘柄企業の指名委員会においては、少なくともガバナンス報告書において、社外有識者の区分に該当する委員が含まれる旨の開示をしている例は見当たらなかった。

〔任意の委員会における社外有識者である委員の数[注1]〕

	TOPIX500		TOPIX100	
	指名（社）	報酬（社）	指名（社）	報酬（社）
0人	369（96.6%）	371（95.1%）	73（100.0%）	72（97.3%）
1人	8（2.1%）	14（3.6%）	0（0.0%）	2（2.7%）
2人	5（1.3%）	4（1.0%）		
3人	0（0.0%）	1（0.3%）		

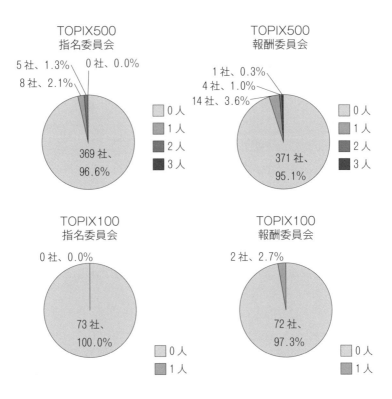

なお、社外監査役は、ガバナンス報告書における委員の属性とし
ては「その他」に位置付ける企業が多いが、「社外有識者」と位置
付けている旨をガバナンス報告書で開示していた企業も存在す
る[注2] ことから、監査役を除いた社外有識者が委員に含まれてい
る任意の委員会の数はより少なくなる。

また、ガバナンス報告書（補足説明欄等）において、監査役を除
いた社外有識者の属性（学者、弁護士等）を開示している企業はほ
とんど見られなかった[注3]。

社外有識者委員の絶対数が少ないことから、社外有識者が委員の
過半数を占める企業は指名委員会及び報酬委員会の両方で存在しな

かった。

(注 1) 各社数割合の母数は、Q19 の「TOPIX500 及び TOPIX100 構成銘柄企業における任意の委員会の設置状況」に従っている。

(注 2) 積水化学工業や DOWA ホールディングスなど。

(注 3) DOWA ホールディングスは、2 名の社外有識者のうち 1 名が弁護士である旨を開示している（1 名は、上記のとおり社外監査役）。

Q23 任意の委員会の名称

A　指名・報酬委員会や指名報酬諮問委員会のほか、指名委員会や指名諮問委員会、報酬委員会や報酬諮問委員会といった名称が多いが、多様な名称が用いられている。

●解説

　TOPIX500構成銘柄企業のうち、任意の委員会を導入している会社は、指名委員会（ガバナンス報告書の記載事項としては「指名委員会に相当する任意の委員会」）及び報酬委員会（ガバナンス報告書の記載事項としては「報酬委員会に相当する任意の委員会」）として、後記表の名称の委員会を設置している。

　任意の委員会として、様々な名称の委員会が設けられているが、指名委員会としては、「指名・報酬委員会」、「指名委員会」、「指名報酬諮問委員会」、「指名諮問委員会」といった名称の委員会が設けられていることが多い。また、報酬委員会としては、「指名・報酬委員会」、「報酬委員会」、「指名報酬諮問委員会」、「報酬諮問委員会」といった名称の委員会が設けられていることが多い[注1]。

　なお、2021年改訂後のコード補充原則4-10①では、改訂前の「任意の指名委員会・報酬委員会など、独立した諮問委員会」という表現から、「独立した指名委員会・報酬委員会」という表現に変更されているため、少なくとも今後新たに設置する任意の委員会においては、あえて「諮問」という名称を用いない例が一層増えていくのではないかと予想される[注2]。

任意の指名委員会（社）		任意の報酬委員会（社）	
指名・報酬委員会	87	指名・報酬委員会	87
指名委員会	76	報酬委員会	81
指名報酬諮問委員会	54	指名報酬諮問委員会	54
指名諮問委員会	43	報酬諮問委員会	53
ガバナンス委員会	9	ガバナンス委員会	9
人事報酬委員会	8	人事報酬委員会	8
人事諮問委員会	7	役員報酬委員会	7
人事報酬諮問委員会	7	人事報酬諮問委員会	7
人事委員会	6	指名報酬諮問委員会	5
役員人事委員会	5	コーポレートガバナンス委員会	5
指名報酬諮問委員会	5	ガバナンス・報酬委員会	3
コーポレートガバナンス委員会	5	経営諮問委員会	3
経営諮問委員会	3	諮問委員会	3
諮問委員会	3	人事委員会	3
		報酬検討委員会	3
		役員報酬諮問委員会	3

〔任意の委員会の名称の割合〕

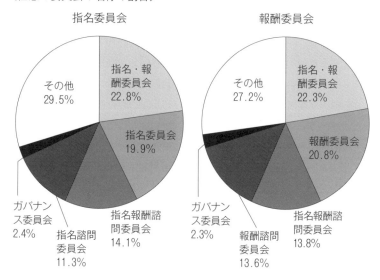

指名委員会

報酬委員会

その他
29.5%

指名・報
酬委員会
22.8%

指名委員会
19.9%

ガバナン
ス委員会
2.4%

指名諮問
委員会
11.3%

指名報酬諮問
委員会
14.1%

その他
27.2%

指名・報
酬委員会
22.3%

報酬委員会
20.8%

ガバナン
ス委員会
2.3%

報酬諮問
委員会
13.6%

指名報酬諮
問委員会
13.8%

(注1) 大まかな傾向を把握するという集計の便宜のため、類似の名称について、筆者において統一しているものが存在する。

(注2) 2021年改訂によるコード補充原則4-10①の表現の変更については、委員会について特定の名称を用いることなど、改訂前に設定されている委員会の設置形態等を実質的に変更することを求めるものではないと考えられている。もっとも、指名委員会及び報酬委員会の重要性を踏まえ、設置されている委員会が、コードが指名委員会及び報酬委員会それぞれに期待する機能・役割を適切に果たすものになっているかについては、あらためて確認する必要があることが指摘されている。芳川雄磨「コーポレートガバナンス・コードの改訂を踏まえた『コーポレート・ガバナンスに関する報告書』の作成上の留意点」商事法務2268号（2021）30頁（注7）参照。

Q24 監査等委員会設置会社でも任意の委員会を設置すべきか。

A 　監査等委員会設置会社においても、任意の委員会を設置することは、積極的に検討すべき合理的な選択肢であると考えられる。

●解説

　監査役設置会社から監査等委員会設置会社に移行した企業においては、監査等委員会の「等」に後記（Q26）の意見陳述権が含まれていることから、監査等委員会と別に役員の選任や報酬の決定に関する任意の委員会を設置すべきかどうか迷う場合があると思われる。

　この点については、以下の理由から、監査等委員会設置会社においても、任意の委員会を設置することは、積極的に検討すべき合理的な選択肢であると考えられる。

　1点目の理由として、そもそも、コード補充原則4-10①でも、「監査等委員会設置会社」を明示して、任意の委員会の設置が求められている[注1]。

　また、2点目の理由として、監査等委員会と任意の委員会の職務には差異があり、適任者にも差異があると考えるのが自然である。特に、社外取締役が多数選任されており多様性がある企業においては、適任者が異なり、任意の委員会を設けることの有用性は高いであろう。また、業務執行取締役は監査等委員になることができない（会社法331条3項）一方で、任意の委員会の委員に就任することは妨げられない（Q42、58参照）ことから、CEOを始めとする業務執行取締役を委員としたい場合にも、監査等委員会と別に任意の委員会を設けることの有用性は高まる。

　3点目の理由として、本来的に、一つの委員会に監査・指名・報

酬の職務を集中させることは、業務過多となるおそれがある。特に、監査等委員会は、監査役会が行う監査の職務に加えて指名・報酬についての監督機能を果たすことが求められていることを踏まえると、監査のみでも相当の負担となると考えるのが自然である。そのため、指名・報酬については、監査等委員会に任せるのではなく、任意の委員会を設けたうえで、監査等委員会と任意の委員会が連携する体制とすることは合理的な選択肢である。

　この点については、日本監査役協会の監査等委員会監査等基準も、「会社に独立社外取締役を主要な構成員とする指名委員会等が設置されている場合、監査等委員会は、当該委員会等の意見及び活動内容等について確認したうえで、本条の意見〔筆者注：取締役の人事に関する意見〕を形成する」、「会社に独立社外取締役を主要な構成員とする報酬委員会等が設置されている場合、監査等委員会は、当該委員会等の意見及び活動内容等について確認したうえで、本条の意見〔筆者注：取締役の報酬等に関する意見〕を形成する」としている(注2)。

　また、企業が監査役設置会社から監査等委員会設置会社に移行する旨の意向を示したところ、機関投資家が、経営陣に対し、監査等委員会設置会社に移行する場合は任意の委員会を設置することを提案したが、会社が拒絶し、監査等委員会設置会社への移行に関する議案をそのまま提案したことに対し、当該機関投資家が当該議案に反対する旨の表明を行った事案も存在する。

（注1）コード原案における補充原則4-10①についての背景説明では「監査等委員会設置会社である場合には、取締役の指名・報酬について株主総会における意見陳述権が付与されている監査等委員会を活用することなどが考えられる」として監査等委員会を任意の委員会の代替とする考えも紹介されている。他方、2018年改訂に際してのコード及び対話ガイドラインの立案担当者解説では、監査等委員会に補充原則4-10①で求められる任意の委員会の役割を担わせることも考えられるが、補充原則4-10①をコンプライするため

には、一つの委員会において同補充原則に示されている特に重要な事項の検討を行うことが可能であるのか、また、適当であるのかとの点について、適切に検討が行われるべきものと考えられること、及びこれらの特に重要な事項の検討に際して、任意の委員会が実効的にその役割を果たすことができるよう、委員の構成や委員会の権限などについても適切に検討が行われるべきと考えられる旨が指摘されている（田原ほか10頁、11頁）。

（注2）監査等委員会監査等基準46条5項、47条5項。なお、監査等委員会と任意の委員会の役割分担についてはQ36、54も参照されたい。

Q25 監査等委員会設置会社における任意の委員会の設置状況

A 　監査等委員会設置会社である上場会社 1,278 社のうち 750 社が、任意の委員会を設置している旨を開示している（2022 年 2 月 15 日時点）。

●解説

1 監査等委員会設置会社における任意の委員会の設置状況

東証コーポレート・ガバナンス情報サービスによれば、監査等委員会設置会社である上場会社 1,278 社のうち、任意の委員会（指名委員会又は報酬委員会）を設置する会社は 750 社（58.7%）に及んでいる（2022 年 2 月 15 日時点）[注1]。その内訳、並びに TOPIX500 及び TOPIX100 構成銘柄企業における任意の委員会の設置状況（TOPIX500 及び TOPIX100 については、2021 年 7 月 20 日時点）は、次のとおりである[注2]。TOPIX500 及び TOPIX100 構成銘柄企業である監査等委員会設置会社においては、2021 年 7 月時点において既に約 9 割において任意の委員会の設置が進んでいることが読み取れる。

〔監査等委員会設置会社における任意の委員会の設置状況〕

	指名委員会	報酬委員会
全上場会社	707 社 /1,278 社（55.3%）	741 社 /1,278 社（58.0%）
TOPIX500	82 社 /93 社（88.2%）	84 社 /93 社（90.3%）
TOPIX100	13 社 /15 社（86.7%）	14 社 /15 社（93.3%）

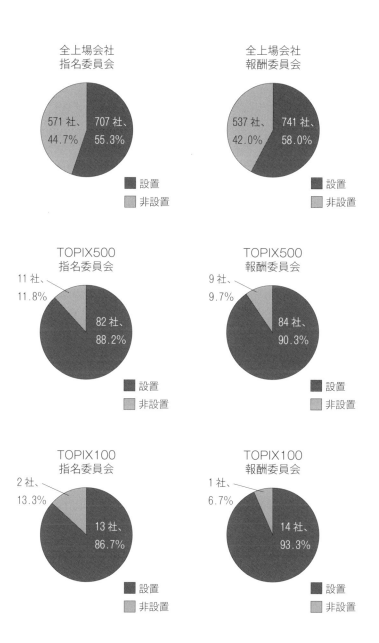

全上場会社
指名委員会

571 社、
44.7%

707 社、
55.3%

■ 設置
■ 非設置

全上場会社
報酬委員会

537 社、
42.0%

741 社、
58.0%

■ 設置
■ 非設置

TOPIX500
指名委員会

11 社、
11.8%

82 社、
88.2%

■ 設置
■ 非設置

TOPIX500
報酬委員会

9 社、
9.7%

84 社、
90.3%

■ 設置
■ 非設置

TOPIX100
指名委員会

2 社、
13.3%

13 社、
86.7%

■ 設置
■ 非設置

TOPIX100
報酬委員会

1 社、
6.7%

14 社、
93.3%

■ 設置
■ 非設置

2 監査等委員会設置会社における任意の委員会の特徴

　任意の委員会一般（監査役設置会社及び監査等委員会設置会社を通じた任意の委員会）と、監査等委員会設置会社が設置している任意の委員会の構成を比較すると、後記表のとおりとなる。まず、監査等委員会設置会社が設置している任意の委員会においては、社外取締役の比率が高い。これは、監査等委員の過半数は社外取締役でなければならない（会社法331条6項）ことから、制度的に社外取締役の人数が確保されていることが影響しているものと思われる。

　他方、議長の属性についてみると、TOPIX500構成銘柄企業においては、任意の委員会一般（監査役設置会社及び監査等委員会設置会社を通じた任意の委員会）と、監査等委員会設置会社の任意の委員会において、議長が社内取締役である企業の比率は大きく異なるものではない。

〔監査等委員会設置会社（TOPIX500）における任意の委員会の構成〕

機関設計	指名委員会		報酬委員会	
	監査役＋ 監査等	監査等	監査役＋ 監査等	監査等
社外取締役 過半数	300社/382社 （78.5%）	71社/82社 （86.6%）	304社/390社 （77.9%）	72社/84社 （85.7%）
議長の 属性^(注3)	社外： 228社/382社 （59.7%） 社内： 140社/382社 （36.6%）	社外： 53社/82社 （64.6%） 社内： 29社/82社 （35.4%）	社外： 240社/390社 （61.5%） 社内： 133社/390社 （34.1%）	社外： 57社/84社 （67.9%） 社内： 27社/84社 （32.1%）
（参考） 社外取締役 過半数かつ 議長社内	100社/382社 （26.2%）	21社/82社 （25.6%）	97社/390社 （24.9%）	19社/84社 （22.6%）

（注 1）2022 年 2 月 15 日時点において、東証コーポレート・ガバナンス情報
　サ ー ビ ス（https://www2.tse.or.jp/tseHpFront/CGK010010Action.do?S
　how=Show）において、「組織形態」欄が「監査等委員会設置会社」である
　企業、及び、そのうち「指名委員会又は報酬委員会に相当する任意の委員会
　の有無」欄が「有」とされている企業の数を記載している。
（注 2）TOPIX500 及び TOPIX100 構成銘柄企業においては、Q6 注 4 のと
　おり、2021 年 7 月 20 日時点の集計結果に基づく。
（注 3）議長の属性は、ガバナンス報告書において「その他」「社外有識者」「な
　し」と開示されていた企業を除く。

Q26 監査等委員会の意見陳述権との関係

A 任意の委員会を設置すれば、設置しない場合と比べて、意見
陳述権の重要性は相対的に低下する。

●解説

　監査等委員会が選定する監査等委員は、監査等委員以外の取締役
の選解任・辞任や報酬等についても、株主総会で意見を述べること
ができる（会社法342条の2第4項、361条6項）。監査等委員会の
意見があるときには、その意見の内容の概要を株主総会参考書類に
記載しなければならない（会社法施行規則74条1項3号、82条1項
5号）。このように、監査等委員会には役員の選任や報酬の決定に
関して意見陳述権が与えられていることを理由に、監査等委員会設
置会社において任意の委員会を設けることの必要性について疑問が
呈されることもある。

　前提として、そもそも監査等委員会に与えられた意見陳述権につ
いて議論が存在し、その重要性について評価が分かれている。そも
そも意見を述べる義務があるのか、意見を述べる義務がない場合に
おいても意見を形成する義務があるのか、形成する意見はどのよう
な内容であるべきか（意見なしを含むか）といった点である。

　もっとも、いずれの立場に立ったとしても、任意の委員会を設置
し、その意見が取締役会で尊重されているならば、監査等委員会の
意見陳述権の重要性は相対的に低下する。

　また、監査等委員会の立場から見ると、意見陳述権に関して任意
の委員会を活用することが考えられる。例えば、取締役会において
任意の委員会の意見が尊重され、任意の委員会と同じ結論が出され
るのであれば、監査等委員会の意見陳述の内容として、意見なしと
いう形が許容され、また、監査等委員会における審議も任意の委員

会の意見に依拠して行うことが許容されるという形で、任意の委員
会を活用することも考えられる。

Q27　監査等委員の指名や報酬について答申すべきか。

A　任意の委員会が、監査等委員である取締役の指名や報酬について答申することも合理的と考えられる。

●解説

　監査等委員会設置会社においても、取締役の選任や報酬について、任意の委員会を活用することは合理的と考えられ、現実に、多くの監査等委員会設置会社が既に任意の委員会を設置している（Q25 参照）。

　このような場合、任意の委員会では、監査等委員である取締役の指名や報酬についても、答申の対象として議論すべきだろうか。

　この点については、会社法上、その過半数が社外取締役により構成される監査等委員会が、監査等委員である取締役の選任議案について同意権を有しており（会社法 344 条の 2 第 1 項）、また、監査等委員は、監査等委員の選解任・辞任や報酬等について、株主総会で意見を述べることができること（会社法 342 条の 2 第 1 項・2 項、361 条 5 項）からすれば、監査等委員である取締役の指名や報酬については、任意の委員会の答申対象とせずとも（独立）社外取締役の適切な関与を得ていると言い得る。

　もっとも、そのような監査等委員である取締役の独立性確保のための会社法上の制度に加えて、取締役会が監査等委員である取締役の指名や報酬について決定をする際に、独立社外取締役を主要な構成員（プライム市場上場会社の場合は過半数を基本）とする任意の委員会の判断を尊重するという仕組みを設けることの合理性が否定されるわけではない。監査等委員である取締役の独立性のより一層の確保に資するといえる。

　したがって、任意の委員会が、監査等委員である取締役の指名や

報酬について答申することは合理的と考えられる。この点、監査等委員である取締役の指名については、パブコメ回答172番においても、「監査等委員は取締役であるため、取締役会の構成員の1人として、その指名について補充原則4-10①に基づき、指名委員会の適切な関与・助言を得るべきであると考えます」とされており、その趣旨は、監査等委員である取締役の報酬についても及ぶと理解するのが自然であろう。なお、会社法上、監査等委員である取締役の協議に委ねられている監査等委員の個人別の報酬額の配分（会社法361条3項）についても、その原案であれば、報酬委員会が決定することも許容されると解されるが、監査等委員の独立性の確保の観点から、監査等委員は、当該原案を尊重する必要はなく、自由に協議できるという点に留意が必要となる（Q53参照）。

Q28 日本で最初に任意の委員会が導入されたのはいつか。

A 1998年にソニーが指名委員会及び報酬委員会を導入している。

●解説

　日本において任意の委員会の導入が最初に報道された事例は、ソニーが1998年に導入した指名委員会及び報酬委員会である。

〔日本経済新聞（1998年5月7日朝刊1面「ソニー役員人事・報酬の決定委、社外から2氏——末松氏と石原氏を任命」）〕

> 　ソニーは次期社長や新任取締役候補などを選定する「指名委員会」と、役員報酬を決める「報酬委員会」を発足させた。指名委員会には社外取締役である末松謙一さくら銀行相談役、報酬委員会は社外取締役の石原秀夫ゴールドマン・サックス証券会長を任命。重要な人事・報酬を決定する過程を明らかにして、コーポレートガバナンス（企業統治）の実効を上げる。米国企業では、取締役会にこの種の専門委員会を設置する例は一般的だが、日本の大企業ではソニーが初めてとなる。
> 　5月1日付で発足した指名委員会は大賀典雄会長、橋本綱夫副会長、出井伸之社長ら5人の社内取締役と、末松さくら銀行相談役で構成する。議長は大賀会長が務める。取締役会の要請に基づいて随時開催し、次期社長候補や新任の取締役、執行役員候補を指名する。最終的な候補者選定は取締役会で決議する。
> 　同日付の報酬委員会は石原ゴールドマン・サックス証券会長が議長で、橋本副会長と、人事部門などを担当する森本昌義上席常務が加わる。取締役、執行役員、監査役の個別の報酬額を決めるほか、ソニーグループの報酬制度について議論する。
> 　ソニーは昨年6月末、米国流経営を取り入れ、取締役を従来の約4分の1に当たる10人に削減すると同時に、執行役員制を導入し

た。意思決定・監視を任務とする取締役と、業務執行に責任を持つ
執行役員との役割を明確に分離し、経営の透明性を高めるのがねら
い。執行役員制は東芝が採用を決めるなど、日本の産業界に広がり
始めている。

　また、2000年時点で任意の委員会を導入していた企業として、
富士ゼロックス、コマツ、アサヒビール、オムロン等が挙げられ
る。

Q29　他国における任意の委員会の導入状況

A　主要国で導入が進んでいる。

●解説

1　米国

米国においては、NYSE に上場している企業は、SOX 法、ドッドフランク法及び NYSE 規則により、監査委員会、指名委員会及び報酬委員会の設置が義務付けられている。また、NASDAQ に上場している企業は、SOX 法、ドッドフランク法及び NASDAQ 規則により、監査委員会及び報酬委員会の設置が義務付けられている。詳細については、Q30 を参照されたい。

2　イギリス

イギリスでは、2018 年に改訂された The UK Corporate Governance Code において、上場会社について、Comply or Explain ルールの下、監査委員会、指名委員会、報酬委員会を設けるべきとされている(注1)。

3　フランス

フランスでは、Corporate Governance Code of Listed Corporations において、上場会社について、Comply or Explain ルールの下、監査委員会、指名委員会、報酬委員会（指名委員会と分離しないことも可能である）を設けるべきとされている(注2)。

4　ドイツ

ドイツでは、German Corporate Governance Code において、

上場会社について、Comply or Explain ルールの下、監査委員会及び指名委員会を設けるべきとされている^(注3)。

（注 1） The UK Corporate Governance Code（July 2018）"3 Composition, Succession and Evaluation" "4 Audit, Risk and Internal Control" "5 Remuneration".

（注 2） Corporate Governance Code of Listed Corporations（January 2020）15, 16, 17, 18 and 27.1.

（注 3） German Corporate Governance Code（December 2019）"Foreword" and D.3 and D.5. 監査委員会は、財務報告、内部統制システムの有効性、リスク管理制度、内部監査システム等のモニタリングを行い、指名委員会は、監査役会（日本の取締役会に相当する）のメンバー候補者の指名を行う。

Q30 米国における任意の委員会の導入状況

A 現在は法令等で設置が義務付けられているが、それ以前から
活用されていた。

●解説

　米国においては、デラウェア州会社法[注1]において、取締役会
は、その決議により、取締役から構成される委員会を設置し、当該
委員会に取締役会の権限の一部を委任することができると定められ
ており[注2]、法令等で監査委員会等の設置が義務付けられる以前か
ら、任意の委員会が活用されてきた。米国において、法令等による
設置の義務付け以前から、任意の委員会が活用されてきた理由につ
いては、Q31を参照されたい。

　現在、米国では、NYSEに上場している企業については、SOX
法[注3]及びNYSE規則[注4]により監査委員会の設置が、NYSE
規則[注5]により指名・コーポレートガバナンス委員会の設置が、
ドッドフランク法[注6]及びNYSE規則[注7]により報酬委員会の
設置がそれぞれ義務付けられており、いずれの委員会についても独
立取締役のみから構成されることが求められている。

　また、NASDAQに上場している企業については、SOX法及び
NASDAQ規則[注8]により監査委員会の設置が、ドッドフランク
法及びNASDAQ規則[注9]により報酬委員会の設置がそれぞれ義
務付けられている。

（注1）Section 141 (c) of Delaware General Corporation Law
（注2）多くの州の会社法で採用されている改正模範会社法も、委員会の設置と
　　　取締役会からの権限委譲を認めている（Revised Model Business Corpora-
　　　tion Act, § 8.25）。

（注 3）　Section 301 of the Sarbanes-Oxley Act
（注 4）　NYSE Listed Company Manual 303A.06
（注 5）　NYSE Listed Company Manual 303A.04
（注 6）　Section 952 of the Dodd-Frank Act
（注 7）　NYSE Listed Company Manual 303A.05
（注 8）　NASDAQ Listing Rules 5605 (c)(2)(A)
（注 9）　NASDAQ Listing Rules 5605 (d)(2)(A)

Q31 米国で任意の委員会が活用されてきた理由

A 経営評価の客観性の確保、経営監督の効率性の確保、経営判断原則による保護の獲得などが考えられる。

●解説

　米国において、任意の委員会が広く活用されてきた理由として、以下の３点が挙げられる。

1　経営評価の客観性の確保

　米国上場企業において、取締役の多くは独立社外取締役であり[注1]、最高経営責任者以外は全員独立社外取締役とする企業も多い。このような米国上場企業で最高経営責任者が取締役となっている理由は、取締役会が経営者の業績を正しく評価するためには、経営評価の前提となる経営戦略・経営計画を理解することが不可欠であり、そのためには、当該経営戦略・経営計画を説明することのできる最高経営責任者が取締役会の構成員となる必要性が高いからである。もっとも、最高経営責任者を含む取締役会で経営評価を行う場合、その評価の客観性は十分に担保されない。そこで、経営評価の客観性を担保すべく、最高経営責任者を排除し、独立社外取締役から構成される委員会が活用されてきたといえる[注2]。

2　経営監督の効率性の確保

　前記のとおり、米国において、取締役の多くは独立社外取締役であり、多様性を持った多数の独立社外取締役で構成される取締役会において、全ての議題を常に一次的段階から検討することは不合理である。そこで、少数の取締役で構成される内部委員会を複数設置し、取締役会の職務を分担することにより、効果的・効率的な経営

監督を可能としてきたといえる^(注3)。

3　経営判断原則による保護の獲得

　前記の客観性及び効率性の確保という観点に加えて、経営判断原則による保護の獲得も、米国において任意の委員会が利用されてきた一つの目的として挙げることができよう。デラウェア州の判例において、報酬等の利益を享受する取締役が、当該利益の享受について承認をした場合は、裁判所は経営判断原則（business judgment rule）による保護を認めないとされており、他方で、独立した委員会の賛成を獲得すれば、当該利益を享受する取締役が賛成をしていたとしても、当該取締役の判断は経営判断原則による保護を受けるとされている^(注4)。このような判例を受けて、米国で任意の委員会が活用されてきたものと考えられる。

（注1）S&P500 構成企業において、取締役のうち 86% が独立取締役である（Spencer Stuart, U.S. Board Index 2021, p9）。

（注2）Committee on the Financial Aspects of Corporate Governance "The Financial Aspects of Corporate Governance"（1992）1.7-1.8, 4.1-4.6, 4.21、川濱昇「取締役会の監督機能」森本滋＝川濱昇＝前田雅弘編『企業の健全性確保と取締役の責任』（有斐閣、1997）17 頁、31 頁、澤口ほか 12 頁。

（注3）The American Law Institute "Principles of Corporate Governance : Analysis and Recommendation［Volume 1］"（1994）p101、証券取引法研究会国際部会訳編『コーポレート・ガバナンス──アメリカ法律協会「コーポレート・ガバナンスの原理：分析と勧告」の研究』（日本証券経済研究所、1994）138 頁〔前田重行〕、澤口ほか 12 頁。

（注4）Wachtell, Lipton, Rosen & Katz, Compensation Committee Guide 2022, p26.

第3章

指名委員会

Q32 指名委員会の権限（検討事項）

A　取締役・監査役・経営陣幹部の候補者案又はその選定方針の決定や後継者計画の策定等を権限とする（検討事項とする）ことが考えられる。

●解説

　指名委員会は、法定の機関ではなく、任意の機関であるため、柔軟な機関設計が可能であるが、指名委員会等設置会社の指名委員会の権限（会社法404条1項）も参考として、例えば、以下の権限を付与する（以下の事項の検討を諮問する）ことが考えられる。

▶株主総会に付議する取締役及び監査役(注)の選任又は解任議案の原案の決定
▶取締役会に付議する代表取締役及び役付取締役の選定、解職、職務分担に係る議案の決定
▶取締役会に付議するその他の経営陣（執行役員等）の候補者の決定
▶経営陣幹部の選解任と取締役・監査役候補の指名方針の決定
▶経営陣幹部の選解任と取締役・監査役候補の指名手続の決定
▶ CEO 等の後継者計画の策定・監督

―――――――――――

（注）監査役会設置会社においては、監査役候補者の決定に監査役会の同意が必要とされているが（会社法343条3項・1項）、かかる同意権が留保されている限り、監査役候補者の選定を指名委員会の検討事項とすること自体には会社法上問題はない（塚本英巨「取締役および監査役の指名・報酬に係る任意の委員会の権限」商事法務2133号（2017）104頁）。また、パブコメ回答172番は、「各上場会社の事情を踏まえつつ、監査役の候補者の指名や監査役の報酬について各委員会〔筆者注：指名委員会・報酬委員会〕による関与・助言を否定するものではございません」としている）。

Q33 指名委員会が最終決定すべきでない事項

A　取締役会専決事項は最終決定できない。

●解説

　指名委員会は、法定の機関ではなく、任意の機関であるため、取締役会の専決事項とされている事項を最終的に決定することはできない。したがって、会社法上、取締役会の専決事項とされている、株主総会に上程する取締役及び監査役の選任議案の決定（会社法329条1項、298条4項）又は解任議案の決定（会社法339条1項、298条4項）、代表取締役の選定・解職（会社法362条2項3号）の最終決定を行うことはできない。また、経営陣幹部を除く経営陣（執行役員等）は、通常、会社法上の「重要な使用人」（会社法362条4項3号）に該当する場合が多いと思われるため、指名委員会が当該経営陣の選任又は解任の最終決定を行うことはできないと考えられる(注)。したがって、指名委員会は、これらの事項については、最終決定を行うことはできず、原案ないし候補者を決定し、取締役会に対して答申を行う権限を有するにとどまる。

　他方、経営陣幹部の選解任と取締役・監査役候補の指名を行うにあたっての方針及び手続の決定については、会社法上取締役会の専決事項とはされていないこと、指名委員会を設置する趣旨が取締役等の指名についての客観性を確保する点にあること、また、指名委員会の委員でない取締役は取締役会における経営陣幹部の選解任や取締役及び監査役の選任議案の決議の際に反対することも可能であることから、これらについては指名委員会において最終決定をすることも可能である。

（注）但し、監査等委員会設置会社において、重要な使用人の選任及び解任について、定款の定めがあること等により取締役会の決議によって取締役にその決定を委任することができる場合（会社法 399 条の 13 第 5 項・6 項）において、少なくとも指名委員会の委員が全て取締役であるときには、取締役会の決議による委任を受けた指名委員会が当該経営陣の選任又は解任の最終決定を行うことも可能であると考えられる。

Q34 経営陣及び役員の選任に関して、指名委員会はどこまで答申（決定）するべきか。

A 取締役会に付議される具体的な候補者を決定ないし承認することが望ましい。

●解説

　コード補充原則 4-10 ①は、「上場会社が監査役会設置会社または監査等委員会設置会社であって、独立社外取締役が取締役会の過半数に達していない場合には、経営陣幹部・取締役の指名（後継者計画を含む）・報酬などに係る取締役会の機能の独立性・客観性と説明責任を強化するため、取締役会の下に独立社外取締役を主要な構成員とする独立した指名委員会・報酬委員会を設置することにより、指名や報酬などの特に重要な事項に関する検討に当たり、ジェンダー等の多様性やスキルの観点を含め、これらの委員会の適切な関与・助言を得るべきである」とする。これによれば、指名委員会は、指名プロセスの客観性を担保する役割を担う。

　この点、指名委員会が候補者の選定方針や選定手続を決定することにより、指名プロセスに関する一定の監督を及ぼすことは可能である。しかしながら、かかる選定方針や選定手続が、当該企業の置かれている個別の状況等も踏まえて適切に適用・運用された上で候補者が選定されていることが確認されなければ、監督の実効性には自ずと限界が生まれる。

　したがって、指名委員会において、候補者の選定方針や選定手続の決定にとどまらず、具体的に氏名を特定する形で候補者を決定することが望まれる。なお、米国の指名委員会も同様に、取締役会に推薦する候補者の決定が職務と考えられている[注]。なお、指名委員会が候補者を決定する場合であっても、すべての役職について指

名委員会が候補者リストを一から作成しなければならないということではない。Q35で述べるとおり、CEO等の業務執行側が候補者の原案を作成して推薦することは合理的であり、特にCEO以外の経営陣等に関しては、指名委員会の関与を限定することも考えられる。指名委員会による関与の度合いに関しては、各企業において、個別の事情に応じた最適な仕組みが柔軟に設計されてよい。要点は、経営陣及び役員という重要ポストの指名に関して、最終決定機関である取締役会に諮られる前に、独立性のある指名委員会が候補者となる具体的な人物に関する検討を行う機会を確保することである。

(注) Wachtell, Lipton, Rosen & Katz, Nominating and Corporate Governance Committee Guide 2020, p101 等。

Q35 業務執行側が候補者の原案を作成してよいか。

A 指名委員会は、候補者の決定について、CEO その他の業務執行側に原案作成等のサポートを求めることができ、CEO 等の業務執行側が候補者の原案を作成し、推薦することは合理的である。また、CEO 以外の経営陣（業務執行取締役を含む）の選解任については、指名委員会の関与をより間接的なものとすることも合理的である。

●解説

Q34 で述べたとおり、指名委員会の望ましい役割は、取締役会に諮られる各役職の候補者を決定することである。しかしながら、指名委員会が一から候補者の絞り込みを行うことは、作業量及び情報量の観点から必ずしも現実的ではなく、CEO（業務執行側）との適切な分担が必要である。

1 CEO の指名

社長・CEO は中長期的な企業価値向上を果たす上で中心的役割を果たす存在であり、その指名プロセスの客観性を確保する要請が特に強い。また、CEO の指名を CEO 自身が主導することは、利益相反となり望ましくないという考えもある。したがって、CEO の候補者の決定に関しては、指名委員会による積極的な関与が求められる[注1]。勿論、そのプロセスにおいては社内事情に精通した CEO 及び業務執行側のサポートが不可欠であり、CEO が後任として最適と考える候補者を推薦することも合理的な選択といえるが（後継者計画に関する Q41 も参照）、最終的に取締役会に諮る CEO 候補者を決定する段階では、指名委員会に複数の候補者が提示され具体的な比較検討が行われる機会を確保するなど、指名委員会によ

る関与を形骸化させないような建付けが求められる[(注2)]。

2　CEO以外の経営陣幹部（業務執行取締役を含む）の指名

　企業経営にあたっては、業務執行の一体性・効率性を確保する必要性が高いため、経営トップ（CEO）が、その下で業務執行にあたる経営陣を選定する合理性が高い。我が国において経営トップを含む経営陣（業務執行取締役を含む）は社内出身者がほとんどであり、このことは、現状の我が国の経営者人材の流動性の状況等から、不合理とはいえないところ、そのような社内出身の経営陣（業務執行取締役を含む）の候補者について、最も多くの情報をもち、適切な情報を第一次的に提供できるのは業務執行側である。これに対し、社外者を中心として構成される指名委員会は、必ずしも社内の人材に関する情報に精通していない。また、会社法上、指名委員会等設置会社においても、執行役の選任は指名委員会の権限ではなく、取締役会の権限とされている（会社法402条2項）。これらを踏まえると、CEO以外の経営陣（業務執行取締役を含む）の選任については、指名委員会は間接的な関与にとどめることが合理的と考えられる。そのため、業務執行側が経営陣の候補者について原案を作成し、指名委員会が原案に看過できない問題がないか等の限度で検証することは合理的な方法であり、多くの企業においては現実的な選択肢といえよう。例えば、指名委員会はCEOから業務執行取締役を含む経営陣に関する人事案及びその選考理由等の説明を受けた上で、それが予め定められた選定方針・選定手続に照らして不適切でなければ原則として承認する、といった運用が考えられる。

3　社外取締役等の指名

　これに対し、社外取締役については、CEOの業務執行を監督・監査するというその職責に照らして、その指名についてCEOからの独立性を確保する必要性が高い。また、経営トップを中心とする

業務執行の一体性・効率性を確保する必要性も乏しいし、候補者について最も多くの情報を持つのが業務執行側であるともいえない。したがって、社外取締役については、指名委員会がより積極的に関与する合理性が高いといえる。但し、社外取締役の候補者であってもその選定には相応の労力と時間を要することから、職務に使用できる時間に限界がある社外取締役ではなく、業務執行側にて原案を作成することも必ずしも不合理ではない。また、米国実務においても、指名委員会が、取締役（米国の場合、多くは独立取締役）候補者の選定の過程で、CEO と緊密な連携をとること自体は望ましいこととされており、参考となる[注3]。

　なお、監査等委員である取締役の候補者の選定についても、指名委員会に社外取締役の場合に準じた関与をさせることが考えられる[注4]。ただし、監査等委員である取締役の候補者の決定には監査等委員会の同意が必要とされており（会社法 344 条の 2 第 1 項）、かかる同意権が留保される必要はある。

　なお、監査役会設置会社においては、監査役候補者の決定に監査役会の同意が必要とされているが（会社法 343 条 3 項・1 項）、かかる同意権が留保されている限り、監査役候補者の選定を指名委員会の検討事項とすること自体には会社法上問題はない（Q32 参照）。この場合の指名委員会の関与の程度も、社外取締役に準じたものとするのが合理的である。

（注1）CGS ガイドライン 83 頁、安永崇伸＝松村謙太郎＝岩脇潤「『コーポレート・ガバナンス・システムに関する実務指針』（CGS ガイドライン）の解説（上）」商事法務 2131 号（2017）18 頁。
（注2）CGS ガイドライン 109 頁は、次期社長・CEO の指名に当たっては、指名委員会に対して複数名の後継者候補が提示されることが望ましいと述べる。
（注3）Wachtell, Lipton, Rosen & Katz, Nominating and Corporate Governance Committee Guide 2020, p102-103.
（注4）パブコメ回答 172 番は、「監査等委員は取締役であるため、取締役会の

構成員の 1 人として、その指名について補充原則 4-10 ①に基づき、指名委員会の適切な関与・助言を得るべきであると考えます」としている。

Q36 監査等委員会との役割分担

A　監査等委員会と指名委員会が並存する場合であっても、監査
等委員会による取締役選任についての監督の職務に変更はな
いが、指名委員会の活動に依拠することもできると考えられる。

●解説

　監査等委員会設置会社においては、監査等委員会に指名委員会の
役割を担わせることも考えられるが、監査等委員会は本来監査とい
う重要な職責を担っているため、その監査等委員会がさらに指名委
員会としての役割を担い、CEO の選解任等の重要事項に関する検
討・決定を行うことが可能か、また可能であるとしても適当か、と
いう点に関する検討が必要となる^(注1)。この点については、監査等
委員でない独立社外取締役に CEO の選解任等に関する検討を行う
適任者がいる場合もあることや、業務執行取締役は監査等委員にな
ることができない（会社法 331 条 3 項）一方で指名委員会の委員に
就任することは妨げられない（Q42 参照）ことからも、監査等委員
会設置会社において、監査等委員会とは別に、CEO の選解任等に
関する検討を行う適任者によって構成する指名委員会を設置するこ
とは、積極的に検討すべき合理的な選択肢であると考えられる
（Q24 参照）。

　監査等委員会設置会社における監査等委員（会）は、監査等委員
である取締役の選任議案について同意権及び株主総会における意見
陳述権を有する（会社法 344 条の 2 第 1 項、342 条の 2 第 1 項）。ま
た、監査等委員会は監査等委員以外の取締役の選任等についての意
見を決定し、監査等委員会が選定した監査等委員は株主総会におい
て当該意見を述べることができる（会社法 399 条の 2 第 3 項 3 号、
342 条の 2 第 4 項）。かかる監査等委員会の権限は、別途指名委員

会が存在する場合でも同様であるが、監査等委員会と指名委員会が
それぞれ独自に役員の選解任についてその是非・評価を検討するの
は必ずしも効率的とはいえない。独立性が確保された指名委員会等
が存する場合、役員の選解任に関する監査等委員会による監督は、
指名委員会の監督と連携した形とすることが合理的であり、監査等
委員会の判断で、指名酬委員会の活動に依拠した意見形成を行うこ
とも可能である。この点、日本監査役協会が定める監査等委員会監
査等基準も、「会社に独立社外取締役を主要な構成員とする指名委
員会等が設置されている場合、監査等委員会は、当該委員会の意見
及び活動内容等について確認したうえで、本条の意見〔筆者注：取
締役の人事に関する意見〕を形成する」としている[注2]。

(注1)　田原ほか10頁。
(注2)　監査等委員会監査等基準46条5項。

Q37	経営陣幹部等の選解任方針・手続の策定

A　客観性・適時性・透明性確保の観点から、指名委員会は経営陣幹部等の選解任方針・手続を定めるべきである。

●解説

1　経営陣幹部等の選解任方針・手続の策定

　コード補充原則 4-3 ①は「取締役会は、経営陣幹部の選任や解任について、会社の業績等の評価を踏まえ、公正かつ透明性の高い手続に従い、適切に実行すべきである」と規定しており、取締役会の下に置かれる指名委員会においても、公正かつ透明性の高い手続を担保すべく、客観性を確保した手続をもって、取締役・監査役・経営陣の候補者を選定すべきと考えられる。

　客観性・透明性の担保という観点から、経営陣幹部の選解任と取締役・監査役候補者の指名に関する方針及び手続は明確に定めておくことが望ましい。これらは、コード原則 3-1 (iv)において開示事項とされている。Q35 で述べたとおり、経営陣幹部の選解任については、指名委員会の関与が間接的となる場合もあり得るところ、選解任方針・手続の策定を通じた監督も重要となる。

　経営陣幹部等の選解任方針は、会社を取り巻く経営環境や将来に向けたビジョンなど、多角的な検討を要する。その策定過程では、指名委員会は経営陣等と積極的に意見交換することが望ましい（後継者計画に関する Q41 も参照）。

2　経営陣幹部等の選解任方針等に関連する検討事項

　コード補充原則 4-11 ①は、取締役会が「経営戦略に照らして自らが備えるべきスキル等」を特定することや「取締役会の全体としての知識・経験・能力のバランス、多様性及び規模に関する考え

方」を定めること、及び「取締役の有するスキル等の組み合わせ」を適切な形で開示すること（いわゆるスキル・マトリックスの開示）等を求めている。これらの事項は、取締役候補者の指名に関する方針と密接に関連する（あるいは、当該方針の一部を構成する）事項である上、コード補充原則 4-10 ①では「ジェンダー等の多様性やスキルの観点を含め」任意の委員会の適切な関与・助言を得るべきとされていることから、これらの事項の決定や開示に際して指名委員会が積極的な関与をすることが合理的である。

　また、コード原則 4-9 は、社外取締役の独立性判断基準の策定・開示を求めている。これについても、指名委員会の検討事項に含め、候補者の選定基準の策定と合わせて検討するのが整合的と考えられる。

Q38 最高経営責任者（CEO）の解任の手続

A　CEOから独立した指名委員会が、その解任（解職）について検討することが考えられる。

● 解説

　コード補充原則4-3 ③は、「取締役会は、会社の業績等の適切な評価を踏まえ、CEOがその機能を十分に発揮していないと認められる場合に、CEOを解任するための客観性・適時性・透明性ある手続を確立すべきである」と定める。また、CGSガイドラインは、社長・CEOの解職基準を平時から設けておくことを推奨する[注1]。CEOの解職は、CEOと取締役会の利害がより先鋭的に対立する場面であることから、独立性のある指名委員会の関与が望ましい。ただし、CEOの解職は、社内外に与える影響の大きさを考えれば極めて慎重な検討が必要であり、画一的な基準や手続による判断にはなじまない。この点、CGSガイドラインは、「解職基準については、必ずその基準に抵触したら解職ということではなく、基準に抵触した場合に、社長・CEOの責任に帰すべき問題なのか否か、どのように改善していけばよいかという点を含めて、議論を始める基準として活用することが考えられる」とする[注2]。実際には、不祥事や極端な業績悪化等、解職の検討の端緒となり得る特段の事情が表出しない限り、現職CEOを解職するか否かは、当該CEOを再度指名するか否かの判断に包含されて検討されている、という整理もあり得よう。

（注1）CGSガイドライン86頁。
（注2）CGSガイドライン86〜87頁。

Q39 指名委員会への情報提供

A 法令上特段の要請はなく、委員会の決定事項の判断に有益な事項を情報提供すべきである。

●解説

指名委員会にどのような情報が提供されるべきかについては、指名委員会の決定事項との関係で合目的的に検討がされるべきであり、指名委員会の決定事項の判断に必要かつ十分な情報が提供されることが求められる。

この点、指名委員会の役割は、経営陣幹部及び役員の指名プロセスの客観性・透明性を担保することであり、Q32で列挙した指名委員会の決定事項の判断に有益な事項としては、例えば、以下の事項が考えられる。

▶指名委員会がその権限としていない経営陣の選任（Q34参照）についての報告
▶投資家との対話の一環としてなされた、役員選任に関する意見交換の内容に関する報告
▶アナリスト説明会における役員指名に関する質疑内容の報告
▶役員選任議案に係る議決権行使結果についてのより詳細な報告・分析
▶役員選任に係るコーポレートガバナンス関連法制等の動きのアップデート事項の報告
▶報酬委員会が別途設置されている場合、関連する審議情報（業績評価等）の報告（共有）
▶後継者計画の対象となっている役職員の現況等の報告

Q40 「後継者計画」とは何か。

A 　後継者の要件の検討、後継候補者の評価方法その他の選定の
プロセスの策定、後継者の育成、緊急事態における後継者の
決定等をいう。

●解説

　コード補充原則 4-1 ③は、「取締役会は、会社の目指すところ
（経営理念等）や具体的な経営戦略を踏まえ、最高経営責任者
（CEO）等の後継者計画（プランニング）の策定・運用に主体的に
関与するとともに、後継者候補の育成が十分な時間と資源をかけて
計画的に行われていくよう、適切に監督を行うべきである」と規定
する。

　ここにいう「後継者計画（プランニング）」の内容について、前記
補充原則は、具体的に規定していないが、CEO 等の重要な役職が、
適切な資質を備えた後継者に適時のタイミングで承継されることを
確保するための取組を指すという理解が一般的である。このように
CEO 等の交代が適切に行われることは、企業の持続的な成長と中
長期的な企業価値の向上にとって重要である。

　後継者計画は CEO 以外の経営陣幹部や社外役員についても考え
られるが、CEO の重要性から、CEO の後継者計画について特に
関心が集まっており、前記のとおりコードにおいても言及されてい
る。

　CEO の後継者計画は、CEO の後継者となり得る人材の育成、
及び育成された人材の中から最終的な後継者を選定するプロセスの
双方を含む。具体的には、以下のような作業が想定される(注1)。

▶当該企業を取り巻く現状分析と、それに基づく CEO の要件の定義
▶社内候補者の特定と育成プランの策定・実行
▶外部候補者の調査、社内候補者との比較[注2]
▶最終候補者の選定、CEO 後継者の決定
▶新任者が円滑に執務を開始できるためのサポート

　また、かかる長期的なスパンの育成計画とは別に、不慮の事態により CEO が執務不能になる緊急事態に備えた後継者及び引継ぎプロセスの決定も後継者計画に含まれるものと考えられる。この点米国においては、NYSE 規則が、各上場会社が策定するコーポレート・ガバナンス・ガイドラインの内容の一つとして、「Management succession」（サクセッション・プラン）を掲げ、「『Management succession』（サクセッション・プラン）は、緊急事態又は CEO の引退の場面における承継の方針のほか、CEO の選定とパフォーマンスの検証に関する方針と原則を含むべきである」と規定している[注3] [注4]。

（注1）CGS ガイドラインは、後継者計画のプロセスを次の7つのステップに分類整理している。①後継者計画のロードマップの立案、②「あるべき社長・CEO 像」と評価基準の策定、③後継者候補の選出、④育成計画の策定・実施、⑤後継者候補の評価、絞込み・入替え、⑥最終候補者に対する評価と後継者の指名、⑦指名後のサポート（CGS ガイドライン 105 頁）。
（注2）なお、米国の主要な上場企業の CEO 交代の場面でも、社内昇格は少なくない。例えば、Harvard Law School Forum on Corporate Governance に掲載されている「CEO Succession Practices in the S&P 500」（https://corpgov.law.harvard.edu/2018/10/25/ceo-succession-practices-in-the-sp-500/）によれば、2017 年に CEO を変更した S&P500 構成企業のうち、55.6%が「insider」（1 年以上当該会社の役職員であった者）であったとされている。したがって、まずは社内候補者の育成に注力するという方針も合理的である。
（注3）NYSE Listed Company Manual 303A.09
（注4）なお、NASDAQ 規則においては、「Management succession」（サクセッション・プラン）に関する規定は設けられていない。

Q41 指名委員会は CEO の「後継者計画」にどのような関与をすべきか。

A CEO と共に、中心的な役割を果たすことが求められる。

●解説

　コード補充原則 4-1 ③は、後継者計画について、取締役会の主体的な関与を求める。ただし、社内取締役（業務執行取締役）を多く含む日本の取締役会においては、彼ら自身が後継者候補として選定の対象となり得ることもあり、必ずしも後継者計画の実効的な監督が望めない場合もあり得る。したがって、手続の客観性・適時性・透明性の確保のために、社外者を中心とする指名委員会が中心的な役割を果たすべきであると考えられる[注1]。2021 年改訂に際して、コード補充原則 4-10 ①においても、指名委員会の検討対象として考えられる事項に後継者計画が含まれることが明記されるに至った[注2]。

　他方で、後継者計画の策定・実施には、当該企業の経営状況、外部環境及び社内人材等に関する深い知識が不可欠であるところ、その点に関しては指名委員会よりも、現職 CEO の方がより精通している。したがって、後継者計画の策定・実施に当たっては、現職 CEO（及びその他の経営陣）と指名委員会が適切に役割を分担し連携することが必要である[注3]。

　具体的には、指名委員会は、CEO の要件の定義、後継者候補の選抜方針、育成計画策定のサポート、社外人材の発見、育成結果の評価と見直しの提言等の場面で積極的に関与することが考えられる。特に、他社で経営経験を有する委員の見識は積極的に活用されるべきであろう。

他方、育成の対象となる社内人材のリストアップや、育成プラン
の詳細の検討、及び最終的な後継者候補の絞込み作業等は、CEO
ないし業務執行側が主導して行うことも合理的である。

　最終的な次期 CEO 等の指名に際して、指名委員会の委員が候補
者に触れる絶対的な時間が不足しているという指摘もあるところで
あり、それを補う方策の一つとして、育成プランの中で、社外取締
役との面談・交流の機会を設けたり、社外取締役を含めた取締役会
におけるプレゼンテーションの機会を設けることなども考えられ
る[注4]。

(注1) 米国においても、CEO のサクセッション・プランについては、伝統的
　　に指名委員会が主導的な役割を果たしてきているが、役員報酬の議論の重要
　　性が増す中で、指名委員会ではなく報酬委員会にサクセッション・プランを
　　主導する役割を与える例や、両委員会ともにサクセッション・プランに関与
　　することを求める例も出てきている (Wachtell, Lipton, Rosen & Katz,
　　Nominating and Corporate Governance Committee Guide 2020, p125)。
(注2) ただし、当該改訂については、指名委員会の検討対象に後継者計画を含
　　まなければコンプライとならないというわけではないとされている (パブコ
　　メ回答 187 番)。
(注3) 米国においても、サクセッション・プランの策定、実施に CEO が関与
　　することは一般的に行われている (澤口実＝若林功晃＝辻信之＝藪野紀一
　　「サクセッションプランの実像――米国 S&P100 構成企業の開示と具体的事
　　例から」商事法務 2164 号 (2018) 12 頁)。
(注4) CGS ガイドライン 111 頁。

Q42 指名委員会の望ましい構成

A 独立社外取締役を中心とした構成とすることになるが、CEO その他の社内取締役を委員に含めることも合理的である。また、独立社外取締役の人数が十分でない場合等に独立した社外監査役を委員とするほか、必要に応じて外部専門家を活用することも考えられる。

●解説

フォローアップ会議による「会社の持続的成長と中長期的な企業価値の向上に向けた取締役会のあり方」（2016 年 2 月 18 日）によれば、最高経営責任者選任のための後継者計画の策定及び運用にあたっては、社内論理のみが優先される不透明なプロセスによることなく、客観性・適時性・透明性を確保するような手続が求められるとされている。また、コード補充原則 4-10 ①において、経営陣幹部・取締役の指名・報酬などに係る取締役会の機能の独立性・客観性と説明責任を強化するため、取締役会の下に独立社外取締役を主要な構成員（プライム市場上場会社の場合は過半数を基本）とする独立した指名委員会を設置することが求められている（その意義については、Q6 参照）。

これらを踏まえると、指名委員会の構成としては、独立社外取締役が過半数を占める等、独立社外取締役を中心とした構成とすることになる。Q21 のとおり、指名委員会を設置している TOPIX500 構成銘柄企業のうち、社外取締役の委員の比率が過半数を占める企業は 78.5%、半数以上を占める企業は 89.0% であることから、主要な上場会社は前記のような理解を共有しているものといえるだろう。

なお、社内者と社外者の数が同数である場合であっても、委員長

を社外者とすることで委員会の独立性を担保するということも考えられる[(注)]。

　米国の上場会社における指名委員会は、全メンバーが独立取締役であることが一般的である（NYSE 規則では明示的にそれが要求されている）。これに対し、日本では上記のとおり、指名委員会の構成員を全て社外取締役とはしない企業が多数であるが、かかる選択も合理的である。なぜなら、指名委員会等設置会社においても、指名委員会の構成員の過半数が社外取締役でなければならないとされているにとどまり（会社法 400 条 3 項）、また、指名にあたっては、社内から候補者を選定・評価することも重要な要素であり、現 CEO その他の社内取締役も委員に含めることで、候補者の選定の議論にあたり必要な情報の報告を受けた上で、充実した議論を行うことが可能になると考えられるからである。ただし、社内取締役を委員に含む場合であっても、社外取締役のみによる協議の機会（エグゼクティブ・セッション）を設けることは別途検討に値する。

　また、社外取締役では足りない見識を補う観点や、特に社外取締役の数が十分でない企業において、社外者の比率を高める観点から、社外監査役を委員とすることも考えられる（Q18 参照）。

　なお、コンサルタント等の外部の専門家については、指名委員会の委員とする必然性があるとまではいえない。なぜなら、取締役候補者その他の指名の重要性に照らせば、指名委員会の決議に際して議決権を有する委員は、会社に対して善管注意義務を負っている取締役（又は監査役）に限定するという選択も合理的であり、また、外部の専門家の有する知見は、外部有識者が、指名委員会の委員としてではなく、議決権を有しないアドバイザーやオブザーバーとして関与することによっても、十分に審議に反映することができると考えられるためである。したがって、仮に外部の専門家の関与を求める場合であっても、アドバイザーやオブザーバーといった立場で関与を求めることが合理的であると考えられる。

（注）Q6参照、CGSガイドライン95頁。なお、コード補充原則4-10①において、プライム市場上場会社は、指名委員会の過半数を独立社外取締役とすることを基本とするとされているが、独立社外取締役を過半数とすることが必須とされているわけではなく、各社の置かれた状況に応じて、委員長を社外者とすることで独立性を担保することもできるとされている（パブコメ回答156〜159番）。

Q43 指名委員会は外部の専門家を活用すべきか。

A　必須ではないが、選択肢の一つである。

●解説

　CEO の後継者計画を含む経営陣・役員候補者の指名に関する外部の専門家のサービスは、次の要素により構成されていることが多いとされる[注1]。

▶選定・育成プロセスの提案
▶経営陣幹部及び役員候補者の要件の設定
▶内部候補者の評価
▶外部候補者の提案・評価
▶決定のサポート

　指名委員会においてこのようなサービスを提供する外部の専門家を活用するメリットとしては、指名委員会の決定内容の質の向上、活用に限界のある社内資源の代替、社外人材のより幅広い発掘・検討、指名委員会の決定内容等の客観性の確保等が考えられる。したがって、このようなメリットを享受すべく、外部の専門家を活用することは選択肢の一つとして考えられる。
　もっとも、我が国における従来の状況としては、指名の分野において外部の専門家は外部候補者の提案の場面以外では利用が低調であり[注2]、経営者の抵抗感も残るところである。このような従来の状況に鑑みると、現状、指名委員会において外部の専門家を活用することは必須とまではいえないと考えられる。また、専門家を活用する場合であっても、まずは、数年に一度、例えば現任役員の評価

や外部候補者の提案・評価といった局面で部分的な利用を行うことから着手することも考えられる。

（注1）新しいスタンダード 201 頁等。
（注2）澤口実＝飯島隆博＝香川絢奈＝齋藤悠輝「TOPIX100 構成銘柄企業のコーポレートガバナンス・コード対応の傾向——2019 年 1 月末時点開示内容をもとに」商事法務 2194 号（2019）33 頁参照。

Q44 指名委員会は役員の評価もすべきか。

A 人選（候補者の選択）の前提として役員の評価が必要となる。

●解説

コード補充原則4-10①において、独立社外取締役が主要な構成員となる指名委員会には、独立した客観的な立場で役員の選任について適切な関与・助言を行うことが求められている。現任役員の再任については在任中の当該役員の職務執行の評価が重要な要素の一つとなることからすれば、現任の取締役・監査役・経営陣が候補者となる場合、適格性の判断のためには当該現任役員の評価は不可避であると考えられる(注)。

(注) オムロンのコーポレート・ガバナンスポリシー（第4章5.(2)）では、人事諮問委員会の行うべき事項の一つとして「人事諮問委員会は、取締役会議長による各取締役との面談の報告を受け、各取締役の評価を行う」ことが挙げられている。また、マネックスグループのガバナンス報告書（補充原則4-11①）では、「指名委員会は、以下の手順に従い取締役候補者を決定する」とされており、具体的には以下の手順である。
・現任の各取締役についての評価を実施。
・取締役会全体としての評価を実施。
・これら評価をもとに取締役会の構成について検証し、構成変更の要否を判断。
・各取締役候補者について資質等を確認し、かつ取締役会の全体構成としてのバランスにも考慮の上、取締役候補者を決定。各候補者が他の上場企業等の役員等を兼任している場合には、当社取締役としての責務を十分に果たせる状況であることを確認する。
・重任候補者の場合、取締役会および所属する各委員会の出席状況を勘案する。

Q45 　経営者（特に CEO）の評価はどのようにすべきか。

A 　経営者が策定し取締役会が承認した経営計画・戦略に照らしてその成果が妥当であるか検証することが中核である。

●解説

　コード補充原則 4-3 ①は、「取締役会は、経営陣幹部の選任や解任について、会社の業績等の評価を踏まえ、公正かつ透明性の高い手続に従い、適切に実行すべきである」と規定しており、中でも経営者（特に CEO）の選任・解任は取締役会のモニタリング機能の中核を占めている。

　モニタリングとは、経営者が策定した経営戦略・計画に照らして、その成果が妥当であったかを検証し、最終的には現在の経営者に経営を委ねることの是非について判断することであるとされ、具体的には次のように考えられている[注1]。

① 　経営者に対して経営戦略・計画について説明を求め、
② 　経営戦略・計画が株主の立場から是認できないものではないかを検討する。
③ 　そして経営の成果について、経営者から説明を求める。
④ 　上記から、経営者を評価し、最終的には現在の経営者に経営をゆだねることの是非について判断する。

　そして、経営計画・戦略の一次的な責任が経営者にあることからすると、経営計画・戦略の内容よりも、その成果が経営計画・戦略に照らして妥当かということを経営者の評価の軸足とすべきであろう。したがって、経営者の評価に関しては、成果の客観的数値により評価するよりも、いわば「有言実行度」で評価することが妥当で

あると考えられよう^(注2)。

(注1) 日本取締役協会「社外取締役・取締役会に期待される役割について（提言）」（2014）2頁。
(注2) 経済同友会「CEO 交代プロセスのイノベーション──『企業イノベーション』の継続的な遂行を目指して」（2006）等も同旨と考えられる。

Q46 指名委員会による候補者に対する面接・インタビューは必要か。

A 候補者の適性の有無を判断するにあたり面接・インタビューは有用である。但し、指名委員会の委員が取締役会の審議等において別途候補者と接する機会が設けられている場合等には、必須とまではいえないと考えられる。

●解説

そもそも人事は個別性が高く、定量データだけではなく、定性的な評価も重要な判断要素であるため、候補者となる人物に直接会いヒアリングを行うことにより、当該候補者の適性の有無を見極める必要性が高い。このことは、一般の従業員の採用の場面のみならず、取締役、監査役及び経営者の候補者の選定の場面にも同様に当てはまる。このように、指名委員会が候補者を決定するにあたっては、候補者と面接・インタビューを行うことは有用な手段となろう[注]。

もっとも、実質的に候補者の適性の有無を判断するための材料が指名委員会に与えられていれば足りるため、候補者が継続的に取締役会の審議等において担当事業の説明をする機会が設けられていたり、後継者計画の一環として指名委員会の委員と交流している場合等、指名委員会の委員が別途候補者と接する機会が設けられている場合等には、面談・インタビューという形をとることが必須とまではいえない。

[注] トーホーのコーポレート・ガバナンス報告書によれば、「取締役・監査役候補者及び主要子会社の代表取締役候補者の選任方針を有価証券報告書に開示しております。当社の取締役等の候補者の選任は、業績・人格等に基づく

評価の結果選ばれた人材について、構成員の過半数が独立社外取締役で構成され、独立社外取締役が委員長を務める指名諮問委員会が面接などを通して選考し、取締役会に答申しております」とされている。

A　指名委員会の委員、特に委員長が投資家との対話を行うことも合理的と考えられる。

●解説

CEO の選解任・育成等に関して、対話ガイドラインは、以下の各事項を中心として、機関投資家と企業が実効的な対話を行うことを提案している。

▶持続的な成長と中長期的な企業価値の向上に向けて、経営環境の変化に対応した果断な経営判断を行うことができる CEO を選任するため、CEO に求められる資質に関して確立された考え方があるか。(3-1)
▶客観性・適時性・透明性ある手続により、十分な時間と資源をかけて、資質を備えた CEO が選任されているか。そのために指名委員会が必要な権限を備え、活用されているか。(3-2)
▶CEO の後継者計画が適切に策定・運用され、後継者候補の育成（必要に応じ、社外の人材を選定することも含む）が、十分な時間と資源をかけて計画的に行われているか。(3-3)
▶会社の業績等の適切な評価を踏まえ、CEO がその機能を十分に発揮していないと認められる場合に、CEO を解任するための客観性・適時性・透明性ある手続が確立されているか。(3-4)

投資家と対話する企業の主体について、対話ガイドラインは特に明示していない。従来、CEO や IR 担当の取締役等が対話を行うことが多かったものと思われるが、企業の中で上記の各事項について検討を行うために指名委員会を設置している場合には、その検討

の主体となっている指名委員会の委員、特に委員長が投資家との対話を行うという選択肢も合理的と考えられる。また、当該対話を行う指名委員会の委員としても、投資家の意見を直接聴くことによって、その後の指名委員会での審議の内容がより深化することも期待される。

したがって、指名委員会の委員、特に委員長が、経営陣幹部等の指名に関する投資家との対話を行うことも合理的と考えられる[注]。

[注] コード補充原則 5-1 ①は、「合理的な範囲で、経営陣幹部、社外取締役を含む取締役または監査役が面談に臨むことを基本とすべきである」としており、社外取締役による投資家対応も念頭に置かれているといえる。また、英国のコーポレートガバナンス・コード（https://www.frc.org.uk/getattachment/88bd8c45-50ea-4841-95b0-d2f4f48069a2/2018-UK-Corporate-Governance-Code-FINAL.pdf）は、取締役会内の委員会の委員長にも、それぞれの職務領域に関して、主要な株主と対話を行い、その意向を把握することを求めている（Provision 3）。

Q48 指名委員会の活動計画（スケジュール）はどのように設定すべきか。

A 　指名委員会が踏むべきステップとしては、プロセスの決定、原案提示、評価、最終決定等があり、年間4〜6回程度委員会を開催することが考えられる。

●解説

　指名委員会の1年間の基本的な活動としては、例えば以下のものが考えられる。

① 委員会の運営に関する基本的事項の決定
　委員長（議長）を決定する。また、指名委員会の運営ルールを定める規則を策定し、すでに策定済の場合には変更の必要がないか確認する。

② 活動計画の決定
　経営陣幹部及び役員候補者の選定プロセス（年間スケジュールを含む）の決定及び外部アドバイザーの選定を含む。

③ 資格要件・評価基準の決定
　経営陣幹部及び役員候補者に求められる要件・資質に関する基準を議論し決定する。すでにかかる要件が定義されている場合には、変更の必要がないか検証を行う。

④ 原案説明
　業務執行側からの原案（候補者）の提示と説明を受ける（業務執行側が原案を策定する会社を想定）。

⑤ 業績等の情報共有
　業務執行側から、最新の業績等、候補者原案を審議するために必要な情報の提供を受ける。報酬委員会が並行して業績評

価を行っている場合には、その評価結果の共有を受けること
も考えられる。

⑥ 審議（原案の評価）

必要に応じ面接・インタビューの手法を交えつつ原案の審
議・評価を行う。

＊指名委員会が予め決めた方針により評価期間の長短に差異
が生じ得る。

⑦ 答申決定

株主総会の議案決定又はその他の人事公表のタイミングに合
わせて、指名委員会として最終決定を行い答申内容を確定す
る。

⑧ 取締役会における説明・答申

指名委員会が決定した内容を取締役会で説明して答申を行
う。

⑨ コードに基づく開示内容の確認

ガバナンス報告書において開示される「取締役会が経営陣幹
部の選解任と取締役・監査役候補の指名を行うに当たっての
方針と手続」（コード原則 3-1 (iv)）について、従前の開示から
変更すべき点がないか確認する。

指名委員会は任意の委員会であるから、年間の開催回数について
も特に制限はないが、実務上、年間 4～6 回程度開催することが考
えられる。

主要な活動計画を年間に 4 回行う指名委員会に当てはめ、議題
や日程（3 月決算・6 月総会の会社を想定）を例示すると、以下のよ
うなスケジュールが考えられる。

なお、指名委員会のメンバーに CEO 等の社内者が含まれる場
合、これらの委員会のうちの一部を社外者のみの会合とすること
や、別途かかる会合を設定することも考えられる。

〔4回開催の場合〕

日程	主題	具体的な議題
6月又は7月 (定時株主総会後)	▶委員長の決定	✓指名委員会の委員長（議長）の決定
	▶活動計画の策定	✓株主総会の振り返り（株主の質問、議決権行使状況の分析） ✓指名委員会規則の見直し（もしあれば） ✓指名にあたっての方針と手続（コード原則3-1(iv)）の見直し（もしあれば） ✓指名委員会の年次活動計画の決定
10月	▶資格要件・評価基準の決定	✓各役職の資格要件及び候補者の評価基準の決定
翌年2月	▶具体的な候補者に関する審議	✓業務執行側から経営陣・取締役・監査役の各候補についての原案受領・審議 ✓業務執行側および報酬委員会から、会社の業績及びそれに基づく役員及び経営陣の評価内容の報告受領 ✓候補者との面談（指名委員会としての正規の会合の中で行う必要は必ずしもない）
翌年4月	▶候補者の決定	✓定時株主総会に向けた経営陣・取締役・監査役の各候補の答申の内容を決定 ✓取締役会での答申

Q49 米国の指名委員会の権限

A 　米国における指名委員会は、取締役会がその決議により権限
の一部を委任する内部機関である。指名に限らずコーポレー
ト・ガバナンスに関する幅広い権限を付与され、「指名・コーポ
レートガバナンス委員会」が置かれる例も多い。

●解説

　米国の多くの上場会社が設立準拠法とするデラウエア州会社法上
は、指名委員会を設置する義務が規定されているわけではなく、取
締役会は、その決議により任意の委員会を設置し、当該委員会に取
締役会の権限の一部を委任することができることとされてい
る[注1]。そのため、指名委員会がどのような権限を有するかは取締
役会決議の内容次第である。

　米国においては、指名委員会に、指名以外のコーポレート・ガバ
ナンスに関する幅広い権限を付与し、「指名・コーポレートガバナ
ンス委員会」とする例も多い[注2]。

　NYSE上場会社は、上場規則上、以下の内容を委員会憲章
（Charter）に定めて、指名委員会（指名・コーポレートガバナンス委
員会）の権限とすることが義務付けられている[注3]。

①　取締役会が定めた基準と適合する取締役候補者の特定
②　株主総会に提案する取締役候補者の選定又は当該取締役候補
　　者の取締役会への推薦
③　コーポレートガバナンス・ガイドラインの策定と取締役会に
　　対する提案
④　取締役会及び経営陣の評価の監督

（注 1）Section 141⁽ᶜ⁾ of Delaware General Corporation Law
（注 2）NYSE Listed Company Manual 303A.04 は、独立取締役のみから構成される "Nominating/Corporate Governance Committee"（指名・コーポレートガバナンス委員会）を設置することを求めている。なお、NASDAQ は、指名委員会の設置を義務付けていない。
（注 3）NYSE Listed Company Manual 303A.04⁽ᵇ⁾⁽ⁱ⁾

Q50 米国の指名委員会の憲章の内容

A 人選（候補者の選択）の前提として一定の内容の憲章の策定・開示が必要となる。

●解説

　NYSE 上場会社は、上場規則上、指名委員会（指名・コーポレートガバナンス委員会）の憲章（規則）を策定・開示することが求められている[注1]。

　憲章には、委員会の目的、構成、会合（議事の進め方等）、権限及び責任が規定される例が多い（権限として定めることが義務付けられている内容については Q49 参照）。NYSE 上場会社の指名委員会（指名・コーポレートガバナンス委員会）の憲章の例は以下のとおりである[注2]。

　日本では指名委員会がこのような憲章を作成することは求められていないが、委員会の運営規則等を策定するに当たり検討すべき内容に関する示唆もあり、参考になる。

〔Walmart〕

WALMART INC. NOMINATING AND GOVERNANCE COMMITTEE CHARTER

Purpose

　The general purpose of the Nominating and Governance Committee (the "Committee") is to assist the Board of Directors (the "Board") of Walmart Inc. (the "Company") in carrying out its responsibilities relating to (1) identifying individuals qualified to serve as Board members, and (2) implementing sound corporate

---

126　第 3 章　指名委員会

governance principles and practices, including:

- Assisting with Board succession planning by identifying individuals qualified to become Board members, and recommending to the Board the director nominees whenever new directors are to be appointed or elected, whether at the next annual meeting of shareholders or otherwise;
- Reviewing the qualifications and independence of the members of the Board and its various committees on a periodic basis and making any recommendations to the Board that the Committee may deem appropriate concerning any recommended changes in the composition or membership of the Board, or any of its committees;
- Reviewing the Board's leadership structure on a periodic basis and making recommendations regarding the appointment of the Chairman or Chairwoman ("Chairperson") of the Board and (in the event that the Chairperson of the Board is not independent) the appointment of the Lead Independent Director;
- Developing and recommending to the Board corporate governance principles applicable to the Company;
- Conducting the annual review of the performance of the Board; and
- Recommending to the Board director nominees for each committee.

Membership

The Committee should consist of no fewer than three Board members, the number of which shall be fixed from time to time by resolution adopted by a majority vote of the full Board; provided, however, that the Committee may operate with fewer than three members as long as such composition complies with applicable laws, rules, regulations, and securities exchange listing standards. Each member of the Committee shall be determined affirmatively by a majority vote of the full Board to qualify as independent under the New York Stock Exchange listing standards and the listing standards of any other exchange on which the Company's securities are listed, in either case as then in effect.

The members of the Committee shall be appointed annually, and vacancies shall be filled or members removed by the vote of a majority of the full Board. One member of the Committee shall be appointed as its Chairman or Chairwoman of the Committee (the "Chairperson") by majority vote of the full Board. Committee members may resign by giving written notice to the Board. A Committee member may resign Committee membership without resigning from the Board, but a member shall cease automatically to be a member of the Committee upon either ceasing to be a member of the Board or ceasing to be "independent" as required above.

Meetings

The Committee shall have at least two (2) regularly scheduled meetings annually, but may meet as often as necessary to carry out its responsibilities. The Chairperson shall preside at each meeting and, in the absence of the Chairperson, one of the other members of the Committee shall be designated as the acting chair of the meeting. The Chairperson (or acting chair) may direct appropriate members of management and staff to prepare draft agendas and related background information for each Committee meeting. The draft agenda shall be reviewed and approved by the Chairperson (or acting chair) in advance of distribution to the other Committee members. Any background materials, together with the agenda, should be distributed to the Committee members in advance of the meeting. All meetings of the Committee shall be held pursuant to the Amended and Restated Bylaws of the Company with regard to notice and waiver thereof, and written minutes of each meeting, in the form approved at the immediately following meeting, shall be duly filed in the Company records. Reports of meetings of the Committee shall be made to the Board at its next regularly scheduled meeting following the Committee meeting accompanied by any recommendations to the Board approved by the Committee. The Committee may form and delegate authority to subcommittees consisting of one or more members when appropriate.

Committee Authority and Responsibilities

The basic responsibility of the members of the Committee is to exercise their business judgment to act in what they reasonably believe to be in the best interests of the Company and its shareholders. In discharging that obligation, members should be entitled to rely on the honesty and integrity of the Company's senior executives and its outside advisors and auditors, to the fullest extent permitted by law. The Committee has the following authority and responsibilities:

1. Sole authority, in its discretion, to retain or terminate any search firm to be used to identify director candidates and shall have sole authority to approve the search firm's fees and other retention terms. The Committee shall also have the authority, in its discretion, to obtain advice and assistance from internal or external legal, accounting or other advisors.

2. Actively seek individuals qualified to become board members for recommendation to the Board.

3. Develop and recommend to the Board criteria to be considered in selecting nominees for director to be included in Company's corporate governance principles (the "Corporate Governance Guidelines"), and apply these criteria to the selection of director nominees.

4. Develop and periodically review policies applicable to the nomination of persons to be appointed or elected as directors of the Company including, without limitation, the Company's policies with respect to shareholder nominations.

5. Recommend to the Board the number of and qualifications for directors, the composition of the Board and a slate of nominees for election as directors at the Company's annual meeting of shareholders.

6. Recommend to the Board persons to be appointed as directors in the interval between annual meetings of the Company's shareholders, including filling vacancies occurring for any reason.

7. Develop and recommend to the Board standards for determining director independence consistent with the requirements of the New York Stock Exchange and other applicable laws or regulations and review and assess these standards on a periodic ongoing basis.

8. Review the qualifications and independence of the members of the Board and its various committees on a periodic basis and make any recommendations the Committee members may deem appropriate from time to time concerning any recommended changes in the membership or composition of the Board and its committees.

9. Following consultation with the current Chairperson of the Board and other directors as appropriate, on a periodic basis review and recommend to the Board the director to serve as Chairperson of the Board.

10. In the event that the Chairperson of the Board is not independent under applicable securities exchange listing standards, following consultation with the current Lead Independent Director and other directors as appropriate, on a periodic basis review and recommend to the independent directors the independent director to serve as Lead Independent Director.

11. Establish and oversee the Company's director orientation and continuing education programs and review and revise those programs as appropriate.

12. Recommend to the Board such changes to the Board's committee structure and committee functions, as the Committee deems advisable.

13. Confirm that each standing committee of the Board has a charter in effect, that such charter is reviewed at least annually by its committee and that each charter complies

with all applicable rules and regulations.

14. Review any proposed amendments to the Company's Restated Certificate of Incorporation and Amended and Restated Bylaws and recommend appropriate action to the Board.

15. Review and assess the Company's compliance with the corporate governance requirements established by the New York Stock Exchange, the requirements established under the Sarbanes-Oxley Act and the Dodd-Frank Wall Street Reform and Consumer Protection Act, and other applicable corporate governance laws and regulations.

16. Recommend to the Board such additional actions related to corporate governance matters, as the Committee may deem necessary or advisable from time to time.

17. Review and assess the quality and clarity of the corporate governance information provided to the Board and its committees by management and direct management as the Committee deems appropriate with respect to such materials.

18. Develop procedures for and conduct the annual self-assessment and review of the performance of the Board and each Board committee, and report annually to the Board with an assessment of the Board's and the Board committees' performance.

19. Develop and recommend to the Board the Corporate Governance Guidelines applicable to the Company.

20. Review and reassess the adequacy of the Corporate Governance Guidelines of the Company annually and recommend any proposed changes to the Board for approval.

21. Review the Company's reputation with external constituencies and advise management regarding any proposed changes to the Company's policies, procedures, and programs as a result of such review.

22. Review and reassess the adequacy of this Charter annually and recommend any proposed changes to the Board for approval.

23. Annually review and evaluate its own performance with respect

to its nominating and governance functions in coordination with the annual review conducted by the Committee.

24. Review and advise management regarding social, community and sustainability initiatives of the Company.

25. Review and advise management regarding the charitable giving strategy of the Company, its subsidiaries and affiliates.

26. Review and advise management regarding the Company's legislative affairs and public policy engagement strategy.

27. Review and assess shareholder proposals submitted to the Company for inclusion in the Company's proxy statement, including an assessment of the relevance and significance of the proposal to the Company's particular circumstances, and determine whether and on what basis any such proposal may be excluded from the Company's proxy statement in accordance with the rules of the Securities and Exchange Commission.

In addition to the above, the Committee shall perform such other activities consistent with this charter, the Company's Amended and Restated Bylaws and governing law as the Committee or the Board deems appropriate.

History of Amendments

This charter was last amended on July 23, 2019.

BANK OF AMERICA CORPORATION
CORPORATE GOVERNANCE, ESG, AND
SUSTAINABILITY COMMITTEE CHARTER
As of September 23, 2020

I. Purpose

The Corporate Governance, ESG*, and Sustainability Committee (the "Committee") of Bank of America Corporation (the "Company") is responsible for overseeing the governance of the Board of Directors of the Company (the "Board") , including (i) identifying individuals qualified to become Board members and recommending director nominees to the Board, (ii) reviewing and reporting to the Board on matters of corporate governance and developing and recommending to the Board corporate governance principles applicable to the Company, (iii) reviewing and reporting to the Board on senior management talent planning and succession, and (iv) leading the Board and its committees in their annual assessments of their performance, including their supervisory oversight functions. The Committee also is responsible for overseeing the Company's significant ESG and sustainability activities and practices.

II. Membership

    A. The Committee shall consist of no fewer than three members of the Board who meet the criteria for independence as established by the Board in accordance with the New York Stock Exchange listing standards and any other applicable

---

* ESG refers to environmental, social and related governance activities and practices.

laws, rules and regulations regarding independence as they are in effect from time to time.

B. The members and chair of the Committee shall be appointed and removed by the Board acting on the recommendation of the Committee.

III. Meetings

A. The Committee shall meet at least four times each year. The chair, the secretary or at least two other members of the Committee has the authority to call meetings of the Committee. A majority of the members of the Committee present at a meeting shall constitute a quorum.

B. The chair shall preside at all meetings of the Committee. The agendas for the meetings shall be set under the direction of the chair. In the absence of the chair at a duly convened meeting, the Committee or the chair shall select a member of the Committee to serve as chair of the meeting. The Committee shall keep minutes of its meetings. The minutes shall be circulated in draft form to all Committee members and shall be considered for approval by the Committee at a subsequent meeting. The chair shall report regularly to the Board on the Committee's actions, recommendations or findings.

C. All determinations of the Committee shall be made by a majority of its members present at a duly convened meeting. In lieu of a meeting, the Committee may act by unanimous written consent.

IV. Committee Duties and Responsibilities

A. Identification and Recommendation of Director-Nominees.

In such a manner as the Committee deems appropriate to fulfill its purposes, the Committee shall:

1. Periodically review the appropriateness of the size of the Board.

2. Actively seek and identify individuals qualified to become Board members, consistent with the Board's needs and criteria approved by the Board. The Committee shall consider individuals proposed by various sources, possibly including a search firm. As part of this responsibility, the Committee shall be responsible for overseeing the evaluation of the background and qualifications of any candidate for the Board and such candidate's compliance with the independence standards and other applicable qualifications.

3. Recommend independence categorical standards and determinations with respect to each Board member's independence.

4. Recommend to the Board director nominees to be proposed by the Company for election at the annual meeting of stockholders, or to be appointed as the need arises. The Committee shall recommend to the Board as it deems appropriate actions with respect to individuals nominated by third parties in accordance with the Company's organizational documents or applicable law.

5. Recommend to the Board whether to accept resignations tendered by directors who failed to receive the number of votes required for re-election to the Board as required by the Company's Bylaws, and, in conjunction with the Chief Executive Officer and the Chairman of the Board, if independent, or the Lead Independent Director, determine whether to accept resignations tendered by directors who change principal occupation.

6. Determine whether to approve a director's request to join the board of any other public company.

7. Annually review committee assignments and chair

positions, and recommend the appointment of committee members. The Committee shall recommend the appointment of the Chairman of the Board and, if applicable, the Lead Independent Director.

B. <u>Matters of Corporate Governance and Developing and Recommending Corporate Governance Principles</u>. In such a manner as the Committee deems appropriate to fulfill its purposes, the Committee shall:
   1. Periodically review and reassess the Company's organizational documents, corporate governance guidelines and policies and recommend proposed changes to the Board for approval.
   2. Review and assess stockholders' feedback and periodically review and assess the Company's stockholder engagement process.
   3. Periodically review and report to the Board on matters of corporate governance, including the review of, and recommendations to, the Board regarding stockholder proposals.
   4. Periodically review and advise the Board with respect to the charters, structure and operations of the various committees of the Board and membership thereon.
   5. Review and approve, or ratify, any related person transactions.

C. <u>Talent Planning and Succession</u>. In such a manner as the Committee deems appropriate to fulfill its purposes, the Committee shall:
   1. Ensure that a proper succession planning process is in place to select a Chairman of the Board and, if applicable, a Lead Independent Director, and assure that such process is effectively administered.
   2. Assure that there is appropriate emergency CEO succession planning and CEO continuity succession

planning, assure that CEO succession planning is effectively administered and recommend to the Board CEO succession planning.

3. Assure that there is appropriate succession planning for key executives to promote continuity in senior management, and recommend to the Board succession planning for key executives. The Committee shall annually review the management succession plan.

4. The Committee shall receive periodic reports regarding the evaluation of senior management and the results of the Company's talent planning processes.

D. Annual Assessments. In such a manner as the Committee deems appropriate to fulfill its purposes, the Committee shall oversee the self-evaluation of the Board by conducting an annual review of the Board's performance and lead itself and each of the Board's other committees that meets during the calendar year pursuant to its charter in an annual assessment of its performance.

E. ESG and Sustainability Matters. In such a manner as the Committee deems appropriate to fulfill its purposes, the Committee shall periodically:

1. Review the Company's ESG and sustainability strategy, initiatives and policies, and receive updates from the Company's management committee responsible for significant ESG and sustainability activities.

2. Review political contributions made by the Company and the Company's lobbying activities.

3. Review charitable contributions by the Company and the Bank of America Charitable Foundation.

4. Review the Company's community reinvestment activities and performance.

F. Other Delegated Responsibilities. In such a manner as the

Committee deems appropriate to fulfill its purposes, the Committee shall carry out such other duties that may be delegated to it by the Board from time to time.

V. Access to Records and Advisors

The Committee shall have full access to any relevant records of the Company and have the power and authority to obtain, at its discretion, advice and assistance from internal or external financial, legal, accounting or other advisors (including search firms), and to hire and compensate external advisors at the Company's expense. The Committee shall have the sole authority to retain and terminate any search firm to be used to identify director candidates, including fees and other retention items. The Committee may request that any officer or other employee of the Company, the Company's outside counsel or any other person meet with any members of, or consultants to, the Committee.

VI. Delegation of Authority

The Committee may form, and delegate authority to, subcommittees comprised of one or more members of the Committee, as appropriate. Each subcommittee shall have the full power and authority of the Committee, as to matters delegated to it.

VII. Amendments

A. The Committee shall review and reassess this charter annually.

B. The Board may amend this charter, from time to time, upon recommendation of the Committee, by action at any meeting or by unanimous written consent.

（注 2） Bank of America の例のように、指名・コーポレートガバナンス委員会
に、さらに ESG・サステナビリティ等の観点からの検討もさせることとする
例も見られる。米国の上場大企業 100 社のうち、ESG に関する監督を指名・
コーポレートガバナンス委員会が担う会社は 64 社である（Shearman &
Sterling LLP, Corporate Governance & Executive Compensation Survey
2021, p49）。

Q51 米国の指名委員会の構成と活動状況

A NYSE 規則において、指名委員会の構成員の全員が独立取締役であることが義務付けられており、ほぼ全ての上場大企業の指名委員会は独立取締役のみによって構成されている。また、年間開催回数の平均は約 5 回である。

●解説

NYSE 上場会社は、NYSE 規則上、独立取締役のみにより構成される指名委員会（指名・コーポレートガバナンス委員会）を設置することが義務付けられている[注1]。

他方、NASDAQ 上場会社は、指名委員会の設置は任意（独立取締役のみの投票で過半数の賛同を得ることにより取締役候補者の指名を行うという方法も認められている）ではあるが[注2]、S&P500 社の99.8％が指名委員会（指名・コーポレートガバナンス委員会）を設置しており、その99.4％が独立取締役のみによって構成されている[注3]。

このように、特に大企業を前提とすれば、ほぼ全ての米国の上場会社は、独立取締役のみで構成される指名委員会を設置していることになる。

なお、米国の S&P500 企業の指名委員会の年間開催回数の平均は4.7 回[注4] である。

（注1）NYSE Listed Company Manual 303A.04[a]
（注2）Nasdaq Listing Rules 5605[e][1]参照。
（注3）Spencer Stuart, U.S. Board Index 2021, p29.
（注4）Spencer Stuart, U.S. Board Index 2021, p29.

第4章

報酬委員会

Q52 報酬委員会の権限（検討事項）

A　株主総会に付議する役員報酬議案、取締役・経営陣の個人別
　　報酬額・内容、役員報酬の構成を含む報酬全般の方針、役員
報酬の決定手続の原案の決定等を権限とする（検討事項とする）
ことが考えられる。

●解説

　報酬委員会は、法定の機関ではなく、任意の機関であるため、柔
軟な機関設計が可能であるが、指名委員会等設置会社の報酬委員会
の権限（会社法404条3項、409条1項）も参考として、例えば、以
下の権限を付与する（以下の事項の検討を諮問する）ことが考えられ
る(注1)。

① 株主総会に付議する取締役・監査役報酬議案の原案の決定
② 取締役の個人別報酬額（算定方法を含む）及び内容の（原案
　　の）決定
③ 取締役以外の経営陣（例えば執行役員）の報酬総額又は個人
　　別報酬額（算定方法を含む）の（原案の）決定
④ 役員報酬の構成を含む報酬全般についての方針の（原案の）
　　決定
⑤ 取締役の個人別の報酬等の内容の決定方針の原案の決定
⑥ 役員報酬の決定手続の（原案の）決定

　前記②の取締役の個人別報酬額・内容、前記③の取締役以外の経
営陣の報酬総額又は個人別報酬額・内容について、報酬委員会が、
原案の決定のみならず、取締役会の委任に基づき最終決定を行うこ
とは、少なくとも、報酬委員会の委員の全員が取締役である場合に

は、会社法上許容されると考えられる[注2]。これに対し、例えば報酬委員会の委員に監査役・外部アドバイザー等の取締役以外の者が含まれている場合、報酬の決定という業務執行性を有する事項について、かかる取締役以外の者が最終決定についてまで議決権を行使することができるのかという問題が生じ得る[注3]。この点に配慮する場合には、例えば、(i)報酬委員会では原案を決定し、最終決定については取締役会が行うこととするが、取締役会が決定するにあたっては報酬委員会の決定した原案を尊重することを諮問に際して明示することや、(ii)報酬の最終決定は、取締役会の委任に基づき代表取締役社長において決定することとするが、その委任に際して、代表取締役社長は報酬委員会の決定した原案を尊重することを定めることも考えられる。なお、取締役の個人別報酬額・内容の決定を委任するに際しては、取締役の個人別の報酬等の内容の決定方針において、当該委任を受ける者の氏名又は地位・担当や、委任する権限の内容等を定めておく必要がある（会社法361条7項、同施行規則98条の5第6号）。

(注1) この他に、例えばグループ会社、特に主要子会社の役職員の報酬全般の方針の決定についても報酬委員会の権限とする（検討事項とする）ことも考えられる。

(注2) 判例上、取締役の報酬の上限額を株主総会で定めている場合、報酬の配分に係る決議について、取締役会から代表取締役への再一任決議が認められていること（最判昭和31年10月5日集民23号409頁）からしても、株主総会決議で定めた範囲内で決定する取締役の個別報酬について、報酬委員会に決定を一任することは可能であると考えられる（松中学「任意の委員会の意義と法的課題」ビジネス法務16巻9号（2016）25頁、塚本英巨「実務問答会社法第10回　取締役および監査役の指名・報酬に関する任意の委員会の権限」商事法務2133号（2017）104頁も同旨）。また、監査役設置会社においても、「重要な使用人」の報酬については、その選任及び解任と異なり、取締役会の専決事項とはされていないし（会社法362条4項参照）、取締役の報酬との対比からしても、取締役以外の経営陣の報酬についても、取締役会の委任があれば報酬委員会で最終決定することができると解するのが合理的である。なお、株式報酬（譲渡制限付株式やストックオプション等）

の付与に関しては、会社法上、募集株式の数及び払込金額等の募集事項の決定や、新株予約権の内容及び数等の募集事項の決定、譲渡制限新株予約権の割当ての決定が、それぞれ原則として取締役会で決議すべき事項とされている（会社法 201 条 1 項、240 条 1 項、243 条 2 項）。したがって、報酬委員会に当該事項に関する最終決定を委任することは認められないが、それとは別に株式報酬の報酬としての内容について報酬委員会で議論・決定することは可能である。

（注 3）監査役が報酬委員会の委員として取締役の個人別の報酬等の決定に加わることは、監視・監督に関する活動であって業務執行ではないため、許容されると解する見解もある（藤田友敬ほか「新・改正会社法セミナー　令和元年・平成 26 年改正の検討　監査等委員会設置会社(1)」ジュリスト 1556 号（2021）70 頁〔田中亘発言〕）

Q53 報酬委員会が最終決定すべきではない事項

A　株主総会に付議する役員報酬議案や取締役の個人別の報酬等の内容の決定方針は最終決定できない。また、監査役又は監査等委員の個人別の報酬額の最終決定もできない。

●解説

　報酬委員会は、取締役会そのものではないから、会社法上、取締役会の専決権限とされている事項を最終的に決定することはできない。また、会社法上、独立性の観点から監査役や監査等委員である取締役の協議に委ねられた事項についても、最終的に決定することはできない。

　したがって、報酬委員会は、会社法上、取締役会の専決事項とされている株主総会に付議する役員報酬議案（会社法361条1項、298条4項）の最終決定や、取締役の個人別の報酬等の内容の決定方針（会社法361条7項）の最終決定を行うことはできず、原案の決定を行う（原案を取締役会に答申する）ことができるに留まる。

　また、会社法上、監査役や監査等委員である取締役の協議に委ねられている監査役又は監査等委員の個人別の報酬額の配分（会社法387条2項、361条3項）についても、報酬委員会が最終決定をすることはできない。この点、監査役又は監査等委員の個人別の報酬額の配分について、その原案であれば、報酬委員会が決定することも許容されると解される。もっとも、その場合には、監査役又は監査等委員の独立性の確保の観点から、監査役又は監査等委員は、当該原案を尊重する必要はなく、自由に協議できるという点に留意が必要となる。

　なお、各取締役の報酬額の配分については、少なくとも報酬委員会の委員の全員が取締役である場合には、その最終決定を報酬委員

会に一任することも認められると考えられる（Q52 参照）。

A　監査等委員会と報酬委員会が並存する場合であっても、監査等委員会による取締役の報酬についての監督の職務に変更はないが、報酬委員会の活動に依拠することもできると考えられる。

●解説

　監査等委員会設置会社においては、監査等委員会に報酬委員会の役割を担わせることも考えられるが、監査等委員会は本来監査という重要な職責を担っているため、その監査等委員会がさらに報酬委員会としての役割を担い、CEO その他の業務執行取締役の報酬等に関する検討・決定を行うことが可能か、また可能であるとしても適当か、という点に関する検討が必要となる[注1]。この点については、監査等委員でない独立社外取締役に業務執行取締役の報酬等に関する検討を行う適任者がいる場合もあることや、業務執行取締役は監査等委員になることができない（会社法 331 条 3 項）一方で報酬委員会の委員に就任することは妨げられない（Q58 参照）ことからも、監査等委員会設置会社において、監査等委員会とは別に、業務執行取締役の報酬等に関する検討を行う適任者によって構成する報酬委員会を設置することは、積極的に検討すべき合理的な選択肢であると考えられる（Q24 参照）。

　監査等委員会設置会社における監査等委員は、監査等委員である取締役の報酬等について株主総会における意見陳述権を有する（会社法 361 条 5 項）。また、監査等委員会は、監査等委員以外の取締役の報酬等についての意見を決定し、監査等委員会が選定した監査等委員は株主総会において当該意見を述べることができる（会社法 399 条の 2 第 3 項 3 号、361 条 6 項）。かかる監査等委員会の権限は、

別途報酬委員会が存在する場合でも同様であるが、監査等委員会と報酬委員会がそれぞれ独自に役員報酬についてその是非・評価を検討するのは必ずしも効率的とはいえない。独立性が確保された報酬委員会が存する場合、役員報酬に関する監査等委員会による監督は、報酬委員会の監督と連携した形とすることが合理的であり、監査等委員会の判断で、報酬委員会の活動に依拠した意見形成を行うことも可能である。この点、監査等委員会監査等基準も、「会社に独立社外取締役を主要な構成員とする報酬委員会等が設置されている場合、監査等委員会は、当該委員会等の意見及び活動内容等について確認したうえで、本条の意見〔筆者注：取締役の報酬等に関する意見〕を形成する」としている[注2]。

(注1) 田原ほか 10 頁参照。
(注2) 監査等委員会監査等基準 47 条 5 項。

Q55 報酬委員会はどこまで答申（決定）すべきか。

A　取締役等の個別の報酬の額又は具体的な算定方法及び内容を決定するのが望ましい。また、そこまで至らない場合であっても、短期インセンティブ・中長期インセンティブの割合や、現金報酬・株式報酬の割合、各種株式報酬（譲渡制限付株式報酬・ユニット型株式報酬・ストックオプション等）の選択や、各種報酬額の算定方法の概要を含む取締役の個人別の報酬等の内容の決定方針の原案を決定することが適切である。

●解説

報酬委員会の役割は、独立社外取締役の適切な関与・助言によって、報酬決定の独立性・客観性を担保することである。コード補充原則 4-10 ①では、「経営陣幹部・取締役の指名（後継者計画を含む）・報酬などに係る取締役会の機能の独立性・客観性と説明責任を強化するため、取締役会の下に独立社外取締役を主要な構成員とする独立した指名委員会・報酬委員会を設置することにより、指名や報酬などの特に重要な事項に関する検討に当たり、ジェンダー等の多様性やスキルの観点を含め、これらの委員会の適切な関与・助言を得るべきである。特に、プライム市場上場会社は、各委員会の構成員の過半数を独立社外取締役とすることを基本とし、その委員会構成の独立性に関する考え方・権限・役割等を開示すべきである」と述べられている。

もっとも、前記補充原則では、具体的にどのように「関与・助言」を行うべきかについて具体的な言及はなく、コードが採用するプリンシプルベース・アプローチの下で、各上場会社が適切に判断していくべきものである。

この点、前記のとおり、報酬に関する独立性・客観性を実効的に

確保するためには、報酬委員会の答申（決定）事項が抽象的な方針や決定手続に限られたのでは、独立した報酬委員会の適切な関与・助言がなされているといえるか疑問が残る。

　したがって、報酬委員会は、取締役等の個別の報酬の額又は具体的な算定方法及び内容を決定するのが望ましい。また、そこまで至らない場合であっても、短期インセンティブ・中長期インセンティブの割合や、現金報酬・株式報酬の割合、各種株式報酬（譲渡制限付株式報酬・ユニット型株式報酬・ストックオプション等）の選択、各種報酬額の算定方法の概要を含む取締役の個人別の報酬等の内容の決定方針の原案を決定することが適切である[注]と考えられる。

（注）近年、役員報酬についてはインセンティブとしての意義が重視されており、取締役会による監督もお手盛り防止からインセンティブとしての意義にシフトする傾向にあり、その意味においても、報酬委員会があるべき報酬の内容を決定することが重要といえる（コード原則 4-2 、補充原則 4-2 ①も参照）。また、令和元年改正会社法においても、「取締役等への適切なインセンティブの付与」としての取締役の報酬等に焦点を当てた改正が行われた（竹林俊憲編著『一問一答　令和元年改正会社法』（商事法務、2020）73 頁）。

Q56 CEO以外の経営陣、取締役及び監査役の報酬決定への関与

A　CEO以外の取締役の報酬の決定にも関与するほか、取締役でない経営陣（執行役員等）の報酬についても、少なくとも報酬全般の方針や総額としての報酬水準の決定について関与する合理性はあると考えられる。また、監査役の報酬についても、株主総会に提出する報酬議案の原案の決定に関与するという選択も合理的と考えられる。

● 解説

1　経営陣（業務執行取締役を含む）

⑴　取締役である経営陣

　コード補充原則4-10①においては、「上場会社が監査役会設置会社または監査等委員会設置会社であって、独立社外取締役が取締役会の過半数に達していない場合には、経営陣幹部・取締役の指名（後継者計画を含む）・報酬などに係る取締役会の機能の独立性・客観性と説明責任を強化するため、取締役会の下に独立社外取締役を主要な構成員とする独立した指名委員会・報酬委員会を設置することにより、指名や報酬などの特に重要な事項に関する検討に当たり、ジェンダー等の多様性やスキルの観点を含め、これらの委員会の適切な関与・助言を得るべきである。特に、プライム市場上場会社は、各委員会の構成員の過半数を独立社外取締役とすることを基本とし、その委員会構成の独立性に関する考え方・権限・役割等を開示すべきである」と規定されている。

　コードはプリンシプルベース・アプローチを採用しているため、CEO以外の経営陣の報酬決定にどこまで関与すべきかは、前記補充原則を踏まえて各上場会社が適切に判断していくべきものであるが、独立性・客観性と説明責任の強化の観点からは、報酬委員会

は、CEO 以外の取締役である経営陣（経営陣幹部を含む）の報酬にも関与することが合理的と考えられる。

　また、経営陣の指名に関しては、CEO を頂点とする業務執行の一体性・効率性を確保する必要性が高い（Q34 参照）のに比べ、ある程度定量的な数値を基に決まる報酬については、独立社外取締役を主要な構成員（プライム市場上場会社の場合は過半数を基本）とする報酬委員会でも実質的に関与することは可能であり、より独立性・客観性の確保の観点を強調することも合理性があるものと考えられる。そのため、CEO 以外の取締役である経営陣の報酬についても、CEO の報酬と同様に、報酬委員会が関与することが合理的と考えられる（関与の程度については Q55 参照）。

(2)　取締役でない経営陣

　取締役でない経営陣（執行役員等）の報酬についても、その独立性・客観性と説明責任の強化の観点から、報酬委員会が関与する合理性を認め得る。

　もっとも、取締役でない経営陣の個別の報酬額・内容まで報酬委員会が関与する必要性は相対的に低下するため、取締役でない経営陣の報酬については、その報酬全般の方針及び総額としての報酬水準の決定にのみ報酬委員会が関与すること等も合理的と考えられる。

　なお、執行役員の選解任とは異なり（多くの会社では、執行役員は「重要な使用人」（会社法 362 条 4 項 3 号、399 条の 13 第 4 項 3 号）に該当しその選解任は取締役会の専決事項であり、任意の委員会への一任は認められないと考えられる）、執行役員の報酬額については、会社法上、取締役会の専決事項とされていないため、少なくとも、報酬委員会の委員の全員が取締役である場合には、報酬委員会が取締役会の委任を受けてその最終決定まで行うことも許容される（Q52 参照）。

2 社外取締役

前記のとおり、コード補充原則4-10①において、任意の委員会の関与が想定される事項として、「経営陣幹部・取締役の指名（後継者計画を含む）・報酬」と記載されていることや、独立性・客観性と説明責任の強化の観点からは、報酬委員会は、社外取締役の報酬にも関与することが合理的と考えられる。

一般的に、社外取締役の報酬は定額であり、経営陣と比較すると低額な上に、同規模の上場会社間で大きな差異がない状況である。したがって、取締役会とは別に、任意の委員会が関与する必要性は相対的に低いが、逆に、不相当に高額な報酬を支給され独立性に疑義が生じる事態も考えられない訳ではないこと等も踏まえれば、やはり報酬委員会が関与する合理性は認められる（関与の程度については Q55 参照）。

3 監査役

監査役の報酬についても、社外取締役と同様の意味において、報酬委員会の関与により報酬決定の独立性・客観性を確保するという観点から、報酬委員会が、株主総会に提出する報酬議案の原案の決定に関与するという選択も合理的と考えられる（個別の報酬額の決定については Q53 参照）。

Q57 報酬委員会への情報提供

A　委員会の決定事項の判断に有益な事項を情報提供すべきである。

●解説

　報酬委員会についても、その職務である報酬決定に関する適切な関与・助言が可能になるよう委員会の活動に資する必要かつ十分な情報が提供されることが求められる。

　この点、報酬委員会の役割は、独立社外取締役の適切な関与・助言によって、報酬決定の独立性・客観性を担保することであり、Q52で列挙した報酬委員会の権限（検討事項）の判断に有益な事項としては、例えば、以下の事項が考えられる。

①　現在の役員報酬体系や具体的な報酬額
②　報酬委員会がその権限としていない経営陣の報酬の内容
③　従業員の賃金・賞与水準(注)
④　投資家との対話における役員報酬に関する意見交換の内容
⑤　役員報酬議案について議決権行使結果についてのより詳細な分析
⑥　役員報酬関係のコーポレートガバナンス・法令等の動きのアップデート
⑦　（指名委員会が別途設置されている場合）関連する指名委員会の審議情報（業績評価等）

（注）米国においては、ドッドフランク法により、①CEO又はそれと同等の地位にある者を除く全従業員の年間総報酬の中央値、②CEO又はそれと同等の地位にある者の年間総報酬、及び③これらの比率（Pay Ratio）が開示対

象とされている（SEC. 953. EXECUTIVE COMPENSATION DISCLO-
SURES.）。

| Q58 | 報酬委員会の望ましい構成 |

A　独立社外取締役を中心とした構成とすることになるが、現社
　　長その他の社内取締役を委員に含めることも合理的である。
また、独立社外取締役の人数が十分でない場合等に独立した社外
監査役を委員とするほか、必要に応じて外部専門家を活用するこ
とも考えられる。

●解説

　コード補充原則4-10①では、「経営陣幹部・取締役の指名（後
継者計画を含む）・報酬などに係る取締役会の機能の独立性・客観性
と説明責任を強化するため、取締役会の下に独立社外取締役を主要
な構成員とする独立した指名委員会・報酬委員会を設置することに
より、指名や報酬などの特に重要な事項に関する検討に当たり、
ジェンダー等の多様性やスキルの観点を含め、これらの委員会の適
切な関与・助言を得るべきである。特に、プライム市場上場会社
は、各委員会の構成員の過半数を独立社外取締役とすることを基本
とし、その委員会構成の独立性に関する考え方・権限・役割等を開
示すべきである」とされており、報酬委員会は「独立社外取締役を
主要な構成員とする」こと（プライム市場上場会社の場合には過半数
を基本とすること）が求められている（その意義については、Q6参
照）。これに加えて、報酬決定の独立性・客観性を担保する報酬委
員会の趣旨からすれば、報酬委員会は、独立社外取締役を中心とし
た構成とすることになる[注1]。特に、コード対応等（コード原則
4-2、補充原則4-2①）によって、従前の役員報酬に上乗せをする
形で、株式報酬や中長期業績連動報酬を支給していこうとする場合
には、その客観性・合理性の確保の観点から、独立社外取締役を中
心とする報酬委員会の審議を経る必要性は高い。

他方で、役員報酬については、現在の会社の業績・財務状態及び将来における業績の見込み、更には経営計画も重要な考慮要素となるため、当該事情に精通する現社長その他の社内取締役も委員に含めるという選択も合理的である[注2]。

　また、社外取締役では足りない見識を補う観点や、特に社外取締役の数が十分でない企業において、社外者の比率を高める観点から、社外監査役を委員とすることも考えられる（Q18参照）。

　なお、コンサルタント等の外部の専門家については、報酬委員会において議決権を有する委員として関与させる必然性はない。もっとも、近時、税制改正やコードの適用の影響もあり、役員報酬は急速に多様化し[注3]、各社が急ピッチでその見直しを進めていることからすれば、最新の役員報酬のメニューやそのメリット・デメリット、他社の報酬水準等を把握するために、アドバイザー又はオブザーバーとして専門家を活用する必要性は高いものと考えられる（Q59参照）。

（注1）なお、CGSガイドライン【別紙3：指名委員会・報酬委員会活用の視点】94頁においては、委員の構成に関して、委員の過半数を社外取締役等の社外役員とするか、社外役員とそれ以外の委員を同数として委員長を社外役員とすることが提言されている。

（注2）CGSガイドライン【別紙3：指名委員会・報酬委員会活用の視点】93～97頁においても、報酬委員会に、現社長その他の社内取締役が委員として含まれることは許容されている。ただし、現社長を委員とする場合において、現社長の報酬について議論する場合には、必要に応じて現社長のいない場で議論ができるような工夫を検討すべきとされている点にも留意が必要である。

（注3）経済産業省「『攻めの経営』を促す役員報酬－企業の持続的成長のためのインセンティブプラン導入の手引－（2021年6月時点版）」18～19頁、36頁等参照。

Q59 報酬委員会は外部の専門家を活用すべきか。

A 特に報酬制度の見直し時には、アドバイザーとして活用することは有力な選択肢である。

●解説

近時、役員報酬は急速に多様化し各社が急ピッチでその見直しを進めているところであり、各社において最適な報酬制度を構築していくことが求められている中で、外部の専門家の有する知識・ノウハウ等を活用することは有益であると考えられる。

専門家を活用することのメリットとして、報酬委員会の決定内容の質の向上がある。すなわち、専門家が有する豊富な知識・データ（他社事例等）を基にして、中長期的な企業価値の向上に資するインセンティブ付けに適した報酬制度について、自社の実情に応じてカスタマイズすることで、より柔軟で良質な報酬制度の選択肢を提示でき、もって報酬委員会の議論・決定がより客観的で深度の深いものとなることが期待される。

現実に、指名委員会における活用事例に比べ、報酬委員会における外部の専門家の活用事例は我が国でも増えている[注1]。また、指名については社内事情等を熟知した上で個別に検討する必要があるのと比べ、報酬に関しては技術的な報酬設計の留意点（法務、会計、税務上の取扱いを含む）や他社動向等を踏まえて決定する必要が高いことに鑑みれば、外部の専門家を活用することの意義も大きい。

以上のとおり、報酬委員会においては、外部の専門家をアドバイザーとして活用し、その知識・ノウハウ等を活用することは合理的な選択肢であり、特に報酬制度の見直しを行う場合等には有力な選択肢となるものと考えられる[注2]。

（注 1）　森・濱田松本法律事務所が、2019 年 1 月末日時点の TOPIX100 構成銘柄である上場会社のガバナンス報告書を調査したところによれば、報酬決定の手続において専門家（データの活用も含む）を活用している旨を開示している事例は 22 社であった（澤口実＝飯島隆博＝香川絢奈＝齋藤悠輝「TOPIX100 構成銘柄企業のコーポレートガバナンス・コード対応の傾向——2019 年 1 月末時点開示内容をもとに」商事法務 2194 号（2019）33 頁）。
（注 2）　米国の上場大企業 100 社のうち 94 社の報酬委員会が専門家を起用している旨のデータがある（Shearman & Sterling LLP, Corporate Governance & Executive Compensation Survey 2017, p83）。

Q60 報酬委員会の決定事項（答申内容）の原案を業務執行側が作成してよいか。

A 　報酬一般について会社の業績や財務状況との関係等も問題となり、また、業績連動報酬については業績指標達成に対する業務執行側のコミットメントという意義もあることから、原案を業務執行側が作成することも合理的である。

●解説

　役員報酬については、現在の会社の業績・財務状態及びその将来における見込みも重要な考慮要素となるため、それらの点について最も適切な情報を有していると考えられる業務執行側が原案を作成し、その妥当性を、客観的・独立した見地から報酬委員会が検証するというのは合理的なプロセスである。

　特に、中期経営計画とリンクさせる形で株式報酬や中長期業績連動報酬を設計する場合等には、中期経営計画を遂行する業務執行側が原案を作成した方が、より現実的かつ効率的な議論が可能となり、また、業績指標達成に対する業務執行側のコミットメントという意義付けにも資すると考えられる。

　したがって、報酬委員会の決定事項について業務執行側がその原案を作成することも十分考えられ、また合理的である。

Q61 報酬類型の選択の視点

A 　自社の経営戦略を踏まえた報酬全般の方針を策定した上で、それに沿った形で報酬類型の選択の各論に入ることが重要である。

● 解説

　役員報酬の設計を行う上では、各論の検討に入る前に、自社の経営戦略を踏まえた報酬全般の方針を策定する必要がある。すなわち、役員報酬は、自社の経営戦略を実現するための手段として機能させることが重要であり、経営戦略の方向性に合致していない報酬制度を導入したとしても経営陣に対する適切なインセンティブは付与されない。そのため、まずは経営戦略を踏まえた報酬全般の方針を策定した上で、それを実現するためにどのような報酬類型を選択すればよいかという各論の検討に入ることが重要である[注1]。

　報酬類型の選択や報酬内容の決定の際の視点としては、例えば以下の点などが挙げられる[注2]。

① 給付対象を何にするか（金銭、株式、ユニット等）
② 業績に連動させるか
③ 連動指標を何にするか
④ 連動方法をどうするか
⑤ 役務提供継続条件を設定するか
⑥ 株式取得後の株式の継続保有に関する方針を定めるか
⑦ 報酬の返還（クローバック）等に関する事項を定めるか

　これらの各論について、報酬全般の方針に従ってそれぞれ検討・選択していく必要がある。

（注 1）CGS ガイドライン 39 頁でも経営戦略を踏まえた検討の重要性が指摘
　　　されている。
（注 2）詳細については、石綿学＝酒井真＝渡辺邦広＝梶元孝太郎「中長期業績
　　　連動報酬・株式報酬の新展開——平成 29 年度税制改正後の役員報酬の枠組
　　　み」商事法務 2134 号（2017）4 頁。

Q62　報酬委員会は CEO その他の各役員の評価をすべきか。

A 　個別の報酬額の算定の前提として、また、個別の役員の報酬額の算定の前提として各役員の評価を行うことが必要である。

●解説

　コード補充原則 4-10 ①において独立社外取締役が主要な構成員（プライム市場上場会社の場合は過半数が基本）となる報酬委員会には、独立した客観的な立場で役員の報酬について適切な関与・助言を行うことが求められている。特に業績連動型の報酬制度を採用しているのであれば、その判断のために、個別の役員の報酬額の算定の前提として役員について一定の評価をすることは不可避である[注1]。

　特に CEO については、独立性のある社外取締役を主要な構成員（プライム市場上場会社の場合は過半数が基本）とする報酬委員会が評価に関与して、客観性を高める合理性が高い。CEO の評価の方法としては、例えば、報酬委員会の場で、期初頃に、CEO に経営戦略や経営計画に照らした今期の目標について意向表明させておき、期末頃に、CEO に当初掲げた目標の達成状況等について報告をさせた上で、当該報告を踏まえて CEO の評価を（必要に応じて CEO を議場から退席させた上で）審議することが考えられる[注2]。

　なお、定性評価についても重視した上で誰が適任かを判断する指名委員会と比較すれば、報酬については、全社・部門の業績等の客観的データが相応に存するし、インセンティブ報酬における業績評価も客観性が求められる傾向にあることからすれば、指名委員会に比べ報酬委員会による役員評価は、業績数値に基づいたより客観的なものとなろう。

（注1）CGS ガイドライン 43 頁・同【別紙 3：指名委員会・報酬委員会活用の視点】84 頁においても、指名委員会と報酬委員会が協働して役員の評価を行うことが提言されている。

（注2）CGS ガイドライン 44 頁・同【別紙 3：指名委員会・報酬委員会活用の視点】97 頁の企業の取組例も参考になる。

Q63 報酬委員会のスケジュール例

A　年間に4〜6回程度の開催が考えられる（具体的なスケジュールは下記のとおり）。

●解説

　報酬委員会は任意の委員会であるから、年間の開催回数についても特に制限はないが、自社の経営戦略等と整合的な制度を設計・運用する必要があることを踏まえると、実務上、年間4〜6回程度開催することが考えられる。

　報酬委員会の議題や日程について、3月決算企業を前提に、一例を示すと以下のとおりである。

日程	主題	具体的な議題
6月又は7月 （定時株主総会後）	▶委員長の決定	✓報酬委員会の委員長（議長）の決定
	▶活動計画の策定	✓株主総会の振り返り（株主の質問、議決権行使状況の分析） ✓報酬委員会規則の見直し（もしあれば） ✓報酬を決定するにあたっての方針と手続（コード原則3-1(iii)）の見直し（もしあれば） ✓報酬委員会の年次活動計画の決定 ✓アドバイザー選定（アドバイザーを用いる場合） ✓取締役の個人別の報酬等の内容の決定方針の改定の原案の決定（必要に応じて） ✓新体制下における個人別報酬額（基本報酬）についての答申の内容の決定 ✓取締役会での答申

10月	▶現報酬体系の報告 ▶報酬制度等の理解 ▶他社比較等の情報アップデート ▶報酬制度の見直しの要否の検討①	✓業務執行側から現報酬体系についての報告受領、現報酬体系のレビュー（課題の確認） ✓報酬制度に係る情報のアップデートを含む選択肢の理解 ✓経営者報酬を取り巻く環境のアップデート、他社水準との比較、投資家その他のステークホルダーからの評価の確認・シミュレーション ✓アドバイザーからの報告受領（アドバイザーを用いる場合） ✓報酬制度の見直しの要否の検討（現報酬体系について、目標設定の合理性、インセンティブの合理性、費用対効果、財務状況等からの金額の妥当性等の検証）
翌年2月	▶経営状況の報告 ▶報酬制度の見直しの要否の検討②・内容の審議	✓業務執行側から経営戦略・経営計画の達成状況や業績等についての途中経過の報告受領 ✓業務執行側から報酬制度の見直しの要否・内容についての原案受領・審議 ＊見直しが大規模になる場合には、複数回にわけて報酬委員会を開催する場合もあり得る

翌年4月	▶今期の報酬額に関する審議① ▶次期の報酬制度の審議・決定	✓会社の業績評価、各役員の個別評価の実施 ✓評価を踏まえた各役員（特にCEO）の今期の報酬額の妥当性についての検証（必要に応じてCEOを議場から退席させた上での議論の実施等） ✓報酬制度の見直しを行う場合には定時株主総会に向けた報酬制度、取締役の個人別の報酬等の内容の決定方針の改定の原案及び答申の内容を決定 ✓取締役会での答申（必要に応じて）
翌年5月	▶今期の報酬額に関する審議②・決定	✓決算発表を踏まえた業績連動報酬についての答申の内容を最終決定 ✓取締役会での答申

Q64 報酬委員会と投資家とのエンゲージメント

A　報酬委員会の委員、特に委員長が投資家との対話を行うことも合理的と考えられる。

● 解説

　経営陣の報酬決定に関して、対話ガイドラインは、以下の各事項を中心として、投資家と企業が実効的な対話を行うことを提示している（3-5）。

▶経営陣の報酬制度を、持続的な成長と中長期的な企業価値の向上に向けた健全なインセンティブとして機能するよう設計し、適切に具体的な報酬額を決定するための客観性・透明性ある手続が確立されているか。

▶こうした手続を実効的なものとするために、独立した報酬委員会が必要な権限を備え、活用されているか。

▶報酬制度や具体的な報酬額の適切性が、分かりやすく説明されているか。

　投資家と対話する企業の主体について、対話ガイドラインは特に明示していない。従来、CEO や IR 担当の取締役等が対話を行うことが多かったものと思われるが、企業の中で上記の各事項について検討を行うために報酬委員会を設置している場合には、その検討の主体となっている報酬委員会の委員、特に委員長が投資家との対話を行うという選択肢も合理的と考えられる。また、当該対話を行う報酬委員会の委員としても、投資家の意見を直接聴くことによって、その後の報酬委員会での審議の内容がより深化することも期待される。

したがって、報酬委員会の委員、特に委員長が、経営陣の報酬に関する投資家との対話を行うことも合理的と考えられる[注]。

（注）コード補充原則 5-1 ①は、「合理的な範囲で、経営陣幹部、社外取締役を含む取締役または監査役が面談に臨むことを基本とすべきである」としており、社外取締役による投資家対応も念頭に置かれているといえる。また、英国のコーポレートガバナンス・コード（https://www.frc.org.uk/getattachment/88bd8c45-50ea-4841-95b0-d2f4f48069a2/2018-UK-Corporate-Governance-Code-FINAL.pdf）は、取締役会内の委員会の委員長にも、それぞれの職務領域に関して、主要な株主と対話を行い、その意向を把握することを求めている（Provision 3）。

Q65 米国における報酬委員会の権限

A　米国では、州法において取締役会決議によって委員会を設置し取締役会の権限の一部を委任することができるものとされている州があるほか、ドッドフランク法に基づく上場規則により、上場会社については報酬委員会の設置が義務付けられている。報酬委員会は、CEO 報酬の水準を決定し、CEO 以外の経営陣の報酬について提案する権限等を有する。

●解説

　米国では、州法において、取締役会決議によって委員会を設置し取締役会の権限の一部を委任することができるものとされている州があるほか、ドッドフランク法に基づく上場規則により、上場会社については、取締役会がその決議により権限の一部を委任する内部機関として報酬委員会の設置が義務付けられている。

　例えば、米国デラウエア州の会社法上、取締役会は、その決議により委員会を設置し、取締役会の権限の一部を委任することができるものとされており[注1]、当該委員会にどのような権限を委任するかは、取締役会決議によるものとされている。

　また、NYSE 又は NASDAQ における上場会社については、ドッドフランク法に基づいて制定された上場規則により、報酬委員会の設置が義務付けられている[注2]。

　NYSE 上場会社は、NYSE 規則によって、以下の内容をCompensation Committee Charter（報酬委員会の憲章（規則）。以下「報酬委員会憲章」という）に定めて、報酬委員会の権限とすることが義務付けられている[注3]。

①　CEO 報酬に関する業績目標等を検証・承認し、それらの業績目標等の観点から CEO のパフォーマンスを評価し、当該

評価に基づき、委員会として又はその他の独立取締役と共同して、CEO 報酬の水準を決定すること[注4]。

② CEO 以外の経営陣（executive officer）の報酬や、取締役会決議事項であるインセンティブ報酬・株式報酬プランについて、取締役会に提案（recommendation）をすること[注5]。

③ 開示書類の内容となる経営陣報酬についての報告を作成すること。

NASDAQ 上場会社は、NASDAQ 規則によって、CEO その他の経営陣の報酬について決定又は取締役会への提案をする責任等を内容とする報酬委員会憲章を定めることが義務付けられている[注6]。

なお、米国の上場規則上、Director（取締役）の報酬について、特定の委員会の権限としなければならない旨の規制はないが、Director（取締役）の報酬についても、報酬委員会又は指名・コーポレートガバナンス委員会が決定するものとする例が多い[注7]。

(注 1) Section 141 [c] of Delaware General Corporation Law

(注 2) NYSE Listed Company Manual 303A.05 [a]，NASDAQ Listing Rules 5605 [d][2][A]

(注 3) NYSE Listed Company Manual 303A.05 [b][i]

(注 4) NYSE 規則の注釈においては、CEO 報酬の長期インセンティブ部分を決定するに際しては、報酬委員会は、当該会社の業績や株主へのリターン、類似会社における CEO への同種のインセンティブ報酬の価額、過去に当該会社の CEO に付与された報酬を考慮すべきであるとされている（NYSE Listed Company Manual 303A.05 Commentary）。

(注 5) 本文記載のとおり、NYSE 規則においては、CEO 以外の経営陣の報酬については、報酬委員会が取締役会に提案（recommendation）をすることが求められているにすぎず、報酬委員会が報酬を決定することまでは求められていない。もっとも、実務的には、CEO 以外の経営陣の報酬についても、独立取締役により構成される報酬委員会で決定することが適切とされている（Wachtell, Lipton, Rosen & Katz, Compensation Committee Guide 2022, p6）。

(注 6) NASDAQ Listing Rules 5605 [d][1]

（注7）Wachtell, Lipton, Rosen & Katz, Compensation Committee Guide 2022, p107.

米国の報酬委員会の憲章の内容

A　米国の上場規則上、一定の内容の報酬委員会憲章を策定、開示することが求められている。

●解説

　米国の上場規則上、一定の条項を含んだ報酬委員会憲章を策定、開示することが求められている[注1]。なお、各上場規則において、報酬委員会憲章に盛り込まれるべきとされている権限については、Q65も参照されたい[注2]。

　報酬委員会の運営に関しては、報酬委員会憲章において、委員会の目的、構成、会合（議事の進め方等）、権限及び責任が規定される例が多い（なお、権限について規定することが義務付けられている事項についてQ65参照）。

　また、NASDAQ規則は、報酬委員会がCEO自身の報酬について議論をする際にCEOは同席してはならない旨規定している点に特徴がある[注3]。

　報酬委員会憲章の例としては、以下のようなものがある。

〔The Boeing Company（NYSE上場）〕

Compensation Committee Charter
As Amended June 29, 2021

Purpose

　The Compensation Committee (the "Committee") is established by the Board of Directors (the "Board") of The Boeing Company (the "Company") for the primary purpose of establishing and overseeing the Company's executive and equity compensation programs.

Membership — Qualifications, Election and Removal

The Committee shall consist of three or more directors. Each member shall be independent as defined by Boeing's Director Independence Standards and shall satisfy the independence requirements of the New York Stock Exchange, including those specifically related to determining whether a director is independent from management in connection with the duties of a member of the Committee. The Chair and the other members of the Committee shall be elected annually by the Board, upon the recommendation of the Governance, Organization and Nominating Committee, and the Board may remove one or more directors from the Committee at any time in its discretion.

Responsibilities

The Committee's responsibilities include the following:

1. Subject to the Company's By-Laws, annually review and approve, either as a Committee or together with the other independent directors as directed by the Board, the individual elements of total compensation for the Chief Executive Officer ("CEO") and other executive officers including base salary, incentive awards, equity-based awards, and any other long-term incentive awards.

2. Annually, and as appropriate, review and approve either as a Committee or together with the other independent directors as directed by the Board, the following as they affect the CEO and other executive officers: any employment, severance or change-in-control agreements and other arrangements affecting any elements of compensation and benefits.

3. Annually, and as appropriate, review and approve either as a Committee or together with the other independent directors as directed by the Board, any special or

supplemental compensation and benefits for the CEO and the other executive officers and persons who formerly served in such positions, including any supplemental retirement benefits and perquisites provided to them during and after employment.

4. Review and approve corporate goals and objectives relevant to CEO compensation and evaluate the CEO's performance in light of those goals and objectives (in each case, together with the Governance, Organization and Nominating Committee), and after consultation with the Aerospace Safety Committee and together with the other independent directors, determine and approve the CEO's compensation based on this evaluation.

5. Review and, after consultation with the Aerospace Safety Committee in connection with the safety review portion of performance evaluations, approve individual performance scores for executive officers other than the CEO.

6. Review periodic reports on the Company's compensation programs as they affect all employees, including management's assessments as to whether risks arising from such programs are reasonably likely to have a material adverse effect on the Company.

7. Review and approve changes to compensation plans within the scope of the Committee's authority to amend such plans, report to the Board regarding such changes as appropriate and recommend additions or deletions to current executive compensation plans to the extent appropriate for Board action.

8. Prepare an annual Compensation Committee Report as required by Securities and Exchange Commission rules to be included in the Company's proxy statement or annual report on Form 10-K stating that the Committee has reviewed and discussed the Compensation Discussion and Analysis ("CD&A") with management and based on the

review and discussions, the Committee recommended to the Board that the CD&A be included in the Company's annual report on Form 10-K or, as applicable, the Company's proxy statement.

9. Review the Company's incentive compensation and other equity-based plans and recommend changes to such plans to the Board when necessary. The Committee shall have and shall exercise all the authority of the Board with respect to the administration of such plans.

10. Oversee Company compliance with all applicable laws affecting executive compensation, including all applicable compensation-related rules and regulations of the Securities and Exchange Commission, as well as NYSE rules with respect to shareholder approval of equity compensation plans.

11. As appropriate, recoup incentive compensation pursuant to the Company's clawback policy.

12. Evaluate Say on Pay vote outcomes and other shareholder feedback on executive compensation programs as part of the Committee's ongoing assessment of executive compensation programs and policies.

13. Review and approve stock ownership requirements applicable to the CEO and other senior executives, review on an annual basis compliance with such stock ownership requirements and make recommendations as appropriate.

14. Conduct an annual self-evaluation of the Committee.

15. Periodically assess the adequacy of and need for additional continuing director education programs relevant to the Committee's responsibilities.

16. Perform such other duties as may be delegated from time to time by the Board.

Meetings

The Committee meets in conjunction with the regular Board meetings and otherwise from time to time at the call of its Chair.

The Committee meets in executive session, including with its advisors, as it deems necessary or appropriate. The results of Committee meetings and other actions of the Committee shall be reported to the full Board. The Committee may invite to its meetings any member of management, including the CEO, and such other persons as it deems appropriate in order to carry out its duties and responsibilities.

Quorum and Actions of Committee

A majority of the members of the Committee shall constitute a quorum. The Committee shall act only by (1) the affirmative vote of the majority of members present at a meeting, provided that any such action shall require the affirmative vote of at least two committee members, or (2) unanimous written consent in lieu of a meeting.

Authority to Retain Advisors

The Committee has the sole authority to retain or obtain advice from such compensation, legal, or other advisors that it deems appropriate in its sole discretion to assist in the performance of its duties and responsibilities, but only after taking into consideration all factors relevant to the advisor's independence from management, including (i) the provision of other services to the Company by the person that employs the compensation consultant, legal counsel or other adviser; (ii) the amount of fees received from the Company by the person that employs the compensation consultant, legal counsel or other adviser, as a percentage of the total revenue of the person that employs the compensation consultant, legal counsel or other adviser; (iii) the policies and procedures of the person that employs the compensation consultant, legal counsel or other adviser that are designed to prevent conflicts of interest; (iv) any business or personal relationship of the compensation consultant, legal counsel or other adviser with a member of the Committee; (v) any stock of the Company owned by the compensation consultant, legal counsel or other adviser; and (vi) any business or personal relationship of the compensation consultant, legal counsel, other adviser or the person employing the adviser with an executive officer of the Company. The Committee shall be directly responsible for the appointment, compensation and oversight of the work of any such advisor. The Company shall provide appropriate funding, as determined by the Committee, for payment of compensation to such advisors.

Committee Charter

The Committee shall review and reassess the adequacy of this charter on an annual basis and recommend any proposed changes to the Board for approval.

Subcommittees and Delegation

The Committee has full authority to form and delegate authority to one or more subcommittees consisting solely of one or more members of the Committee as it deems appropriate from time to time. The Committee may delegate to the Company's CEO or any other executive officer the authority to grant equity awards to employees of the Company who are not directors or Section 16 officers of the Company, on such terms and subject to such limitations as the Committee may determine in compliance with Delaware corporate law.

（注 1） NYSE Listed Company Manual 303A.05, NASDAQ Listing Rules 5605 (d)(1)
（注 2） Wachtell, Lipton, Rosen & Katz, Compensation Committee Guide 2022, p103 も参照。
（注 3） NASDAQ Listing Rules 5605 (d)(1)(C)

Q67 米国の報酬委員会の構成と活動状況

A　米国においては、報酬委員会の構成員全員が独立取締役であることが、ドッドフランク法に基づく上場規則により義務付けられている。また、報酬委員会の年間開催回数の平均は約6回である。

●解説

　ドッドフランク法に基づく上場規則により、NYSE又はNASDAQ上場会社について、独立取締役のみからなる報酬委員会の設置が義務付けられている[(注1)]。

　米国のS&P500企業の報酬委員会の年間開催回数の平均は6.2回[(注2)]である。

　米国における、報酬委員会の役割及び活動状況の開示例としては以下のようなものがある。

〔The Boeing Company（Proxy Statement 2021 から抜粋）〕

Board Committees

　The Board has six standing committees, each of which operates under a Board-approved charter. The Chair of each committee reviews and discusses the agendas and materials for meetings with senior management in advance of distribution to the other committee members, and reports to the Board on topics reviewed and actions taken at each committee meeting. The table below sets forth the current membership of each of the standing committees, the independence of each director, and the number of meetings each committee held in 2020.

	Independent Director	Aerospace Safety Committee	Audit Committee	Compensation Committee	Finance Committee	GON Committee	Special Programs Committee
Number of Meetings in 2020	—	6	11	10	8	7	3
Robert A. Bradway(1) 🄵	✓		●		●		
David L. Calhoun							
Arthur D. Collins Jr.*	✓			Ⓒ	●		
Lynne M. Doughtie 🄵	✓		●		●		
Edmund P. Giambastiani Jr.	✓	Ⓒ				●	●
Lynn J. Good(2) 🄵	✓		●	Ⓒ			
Akhil Johri(3) 🄵	✓		●		●		
Lawrence W. Kellner 🄵	✓	●				Ⓒ	
Steven M. Mollenkopf	✓	●		●			
John M. Richardson	✓	●			●		Ⓒ
Susan C. Schwab*	✓			●		●	●
Ronald A. Williams(4) 🄵	✓		●			Ⓒ	

（中略）

Compensation Committee

The Compensation Committee oversees our executive and equity compensation programs. The Compensation Committee is composed entirely of directors who satisfy NYSE director independence standards and our Director Independence Standards, as well as additional independence standards applicable to compensation committee members established pursuant to applicable law. Additional information about the Compensation Committee, including a more detailed list of its principal responsibilities, is set forth under "How Executive Compensation is Determined" on page 37. In addition, certain of the Compensation Committee's risk oversight responsibilities are set forth under "Compensation Committee Risk Oversight" on page 22.

（中略）

Risk Oversight

As a company at the forefront of innovation, Boeing takes

measured risks each day. It is the responsibility of the Board and senior management to ensure that we avoid imprudent risks and mitigate the many strategic, technological, operational, and compliance risks we face, all with our core values of safety, quality and integrity at the forefront. Senior management is responsible for day-to-day management of risk, including the creation of appropriate risk management policies and procedures. The Board is responsible for overseeing management in the execution of its risk management responsibilities and for assessing the Company's approach to risk management. The Board regularly assesses significant risks to the Company in the course of reviews of corporate strategy and the development of our long-range business plan including significant new development programs.

As part of its responsibilities, the Board and its standing committees also regularly review strategic, operational, financial, compensation and compliance risks with senior management. Examples of risk oversight activities conducted by the Board's committees, subject to committee report-outs and full discussion at the Board level, are set forth below.

（中略）

Compensation Committee Risk Oversight
· Evaluate risk in connection with the design and oversight of compensation programs, in consultation with the Committee's independent compensation consultant and the Aerospace Safety Committee

（中略）

How Executive Compensation is Determined

What We Do	What We Don't Do
⊘ Vast majority of pay is variable and linked to Company and individual performance	⊗ No accelerated vesting of equity awards solely in connection with a change in control
⊘ Multiple challenging performance metrics and targets	⊗ No tax gross-ups, other than for certain relocation expenses
⊘ Rigorous stock ownership requirements	⊗ No employment agreements or contracts (except where required by non-U.S. local law)
⊘ Robust clawback policy covering instances of misconduct that compromise the safety of our products or services	⊗ No change-in-control arrangements
⊘ Benchmarking of pay against industry peers	⊗ No pledging or hedging of Boeing stock
⊘ Active engagement with shareholders	⊗ No excessive perquisites
⊘ Independent compensation consultant reports directly to Compensation Committee	⊗ No performance-based incentive payouts if performance levels are not achieved
⊘ Compensation Committee and independent compensation consultant review programs for inappropriate risk	⊗ No uncapped incentive award payouts

We design our executive compensation program to attract and retain the talent needed to achieve our long-term strategic objectives, reward executives who achieve those objectives and align executives' interests with the long-term interests of our shareholders. The Compensation Committee reviews our executive compensation program on an ongoing basis and, with the assistance of its independent compensation consultant, compares our executive compensation practices to those of our peers.

We apply the following approach in setting compensation for our executive officers:

· We compare position-specific duties and responsibilities with market data and our internal management structure to determine a range of pay starting point, inclusive of salary, target annual and long-term incentive award opportunities, executive benefits and perquisites.

· Salary ranges and incentive opportunities by role or role grouping are benchmarked annually against our peer group to ensure they are competitive.

· Individual pay is generally benchmarked by role against median pay for like roles in our peer companies as a starting point, but can vary based on job requirements, business needs, unique market situations, and the executive officer's experience, contribution and performance.

Role of Board, Management and Consultants

The Compensation Committee establishes, reviews and approves all elements of NEO compensation. During 2020, the Compensation Committee worked with an independent executive compensation consultant, Pay Governance, for advice and perspective regarding market trends that may affect decisions about our executive compensation program and practices. Pay Governance also advised the GON Committee in connection with nonemployee director compensation matters. Pay Governance provided no services to Boeing outside of its duties as the independent consultant to these two Board committees. The Compensation Committee has assessed the independence of Pay Governance pursuant to SEC and NYSE rules and determined that no conflict of interest exists that would prevent Pay Governance from independently advising the Compensation and GON Committees. For more information on this conflicts of interest assessment, see "Compensation Consultant" on page 29.

The Compensation Committee's independent consultant's responsibilities include:

· Presenting peer group pay practices and other relevant benchmarks for CEO and nonemployee director compensation to the Compensation Committee and GON Committee, respectively, as well as management.
· Reviewing and providing recommendations concerning management's data, work product and compensation-related practices and proposals.
· Advising the Compensation Committee Chair and the Compensation Committee with respect to management's proposals.
· Meeting with the Compensation Committee in executive session following regular meetings of the Committee.
· Being available on as-needed basis throughout the year to consult with directors or management.

Boeing management has the responsibility for effectively

implementing practices and policies approved by the Compensation Committee.

Additional responsibilities of the Board of Directors, Compensation Committee and management include:

Board of Directors and Compensation Committee
· The Compensation Committee, in coordination with the GON Committee, evaluates the performance of the CEO in light of his business goals and objectives, and reviews his performance with the other independent members of the Board. Based on this evaluation, and following consultation with the Aerospace Safety Committee, the Compensation Committee recommends the CEO's base salary for approval by the independent members of the Board. The Compensation Committee also reviews and approves the CEO's annual and long-term incentive targets and payouts.
· The Board reviews all components of compensation and approves all executive officer base salaries.
· Based on a review of peer data, individual performance and internal pay comparisons, the Compensation Committee determines, in the case of the CEO, and reviews and approves, in the case of other NEOs, all other elements of pay.
· A supermajority (two-thirds) of the Board must approve any incentive awards that are granted to NEOs under an incentive or other compensation plan not previously approved by a supermajority of the Board. No such awards were granted in 2020.
· The Compensation Committee sets incentive compensation targets based on the Company's long-range business plan and the achievement of financial targets and related payouts for our annual and long-term incentive programs.

Management
· The CEO and the Executive Vice President, Human Resources make recommendations on program design and pay levels,

where appropriate, and implement the practices and policies approved by the Compensation Committee.

· The CEO makes recommendations with respect to the compensation of other officers, including the other NEOs, and is assisted in pay administration by the Executive Vice President, Human Resources.

· The CFO provides the financial information used by the Compensation Committee to make decisions with respect to incentive compensation goals based on achievement of financial targets and related payouts for our annual and long-term incentive programs.

（後略）

（注 1）NYSE Listed Company Manual 303A.05 [a], NASDAQ Listing Rules 5605 [d][2][A]

（注 2）Spencer Stuart, U.S. Board Index 2021, p29.

第５章

各委員会に共通する手続等

Q68 任意の委員会の議長（委員長）

A　議長（委員長）を置くことは必須ではないが、議事の主宰、取締役会における説明、事務局との協議等を行う者として議長（委員長）を定めるのが便宜に適うと考えられる。

●解説

　任意の委員会の制度設計としていかなる体制を採用するのかは、各社の判断に委ねられている。議長（委員長）についても同様であり、コードにおいても任意の委員会に議長（委員長）を置くことが求められているわけでもない。

　もっとも、任意の委員会の議事の主宰、任意の委員会における決定事項の取締役会における説明、任意の委員会の事務局（任意の委員会の事務局についてはQ69参照）との協議等を中心的に行う委員を設置することが実務上は便宜であると考えられるため、そのような権限を有する者として議長（委員長）を置くことが考えられる。

　なお、任意の委員会の議長（委員長）を置く場合、コードにおいて「独立社外取締役を主要な構成員とする独立した指名委員会・報酬委員会を設置することにより」（コード補充原則4-10①）とされていることを踏まえると、独立社外取締役を議長とすることが考えられる（コード補充原則4-10①の「主要な構成員」及び「過半数を独立社外取締役とすることを基本」と任意の委員会の議長（委員長）との関係についてはQ6も参照。）。

　また、TOPIX500及びTOPIX100構成銘柄の委員会における議長の設置状況についてはQ21を参照されたい。

Q69 任意の委員会を担当する事務局

A 任意の委員会を担当する事務局を設置することが望ましい。
事務局は、人事部、秘書部、総務部又は経営企画部等が担当
することが考えられるが、社外役員の職務を補助する独立性の高
い従業員により構成することも考えられる。

● 解説

　任意の委員会の事務は相当な分量になることが見込まれるため、
その職務を補助する事務局を設置することが望ましい。

　事務局を担当する部署については、任意の委員会の審議を効率的
に行う観点から、指名委員会や報酬委員会における審議に資する情
報を有する部署が事務局を担当することが考えられ、2019年度の
アンケート調査結果[注1]は以下のとおりである。

問12. 指名委員会及び報酬委員会（※任意の委員会を含む）の事務局は、取締役会の事務局と同一の部署が担当していますか。（1つ選択）

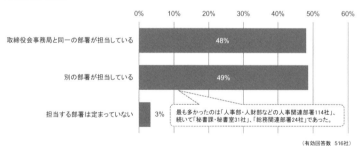

（有効回答数　516社）

　このように、取締役会事務局とは別の部署が任意の委員会の事務
局を担当する例も多いが、その場合、取締役会事務局と任意の委員
会の事務局の間で十分な連携が確保されるように留意すべきとの指
摘もある[注2]。

また、任意の委員会を置く意義が、「経営陣幹部・取締役の指名・報酬などに係る取締役会の機能の独立性・客観性と説明責任を強化する」（コード補充原則 4-10 ①）ことにあることからすれば、任意の委員会を補助する事務局についても独立性を重視し、社外役員の職務を補助する独立性の高い従業員により構成することも考えられる。このような観点からは、例えば、監査役等の職務を補助すべき使用人（会社法施行規則 100 条 3 項 1 号等）や社外役員の職務を補助する事務局が存在すれば、当該使用人や事務局を活用することも考えられる。

（注 1）PwC あらた有限責任監査法人「コーポレートガバナンスに関するアンケート調査上場企業向け 2019 年度」（2020）。
（注 2）中村直人＝倉橋雄作「第一回取締役会事務局アンケート集計結果の分析」商事法務 2217 号（2019）8〜9 頁。

Q70 任意の委員会の規則は誰が決めるべきか。

A 　任意の委員会が取締役会の下に設けられる委員会であるという位置付けに照らし、取締役会において決定すべきである。

●解説

　任意の委員会は、コード対応という観点からは、コードにおいて、「<u>取締役会の下に</u>独立社外取締役を主要な構成員とする独立した指名委員会・報酬委員会を設置することにより、指名や報酬などの特に重要な事項に関する検討に当たり、ジェンダー等の多様性やスキルの観点を含め、これらの委員会の適切な関与・助言を得るべきである」（下線部筆者）（コード補充原則 4-10 ①）とされていることからも明らかなとおり、取締役会の下に設けられる委員会である。

　このように任意の委員会が取締役会の下に設けられる委員会として想定されていることからすれば、任意の委員会は取締役会の決議によって設置し、取締役会の決議において当該任意の委員会の委員会規則を定めることが考えられる。任意の委員会による答申の尊重は、取締役会による自己拘束にほかならないところ、任意の委員会の答申に拘束力を持たせるためには、取締役会において任意の委員会の権限を含めた規則が定められる必要があり、取締役会よりも下位の機関（例えば代表取締役等）や任意の委員会においてこれを定めるのでは、取締役会に対する自己拘束力を有さないこととなり、十分ではない。

Q71 任意の委員会の規則の内容

A 任意の委員会の構成員、招集手続、決議方法、権限等を定めることが考えられる。

●解説

　任意の委員会も会議体である以上、会議体の運営の基本となる事項、すなわち、構成、運営（招集手続や決議方法等）、権限等を定めることが考えられる。

　以下では、任意の委員会規則のサンプルとして、「指名委員会規則」、「報酬委員会規則」、及び「指名・報酬委員会規則」を掲載する。これらのサンプルはいずれも、任意の委員会の構成、運営、権限等について定めるものであり（各サンプル1条「目的」参照）、取締役会決議により制定することが想定されており（Q70参照）、改廃権限も取締役会に与えられている（各サンプル13条「改廃」参照）。

　任意の委員会の委員長については、「独立社外取締役」と規定する場合と資格要件を規定しない場合のいずれも想定されるところ、サンプルにおいては、「指名委員会の委員長は、その［独立社外取締役である］委員の中から、指名委員会の決議によって選定する」として、個社の実情に応じてアレンジ可能としている（各サンプル2条「構成」参照）。

　また、任意の委員会の権限をどのように設計するかについては、様々な考慮要素があり得るところ（Q32〜36、52〜56等参照）、サンプルにおいては、ブラケットを用いて様々な権限の組み合わせを記載することで（各サンプル7条1項）、個社の実情に応じてアレンジ可能としている。

　なお、指名委員会と報酬委員会を一つの委員会にまとめる場合に

は、その規則も「指名・報酬委員会規則」として一つの規則にまとめることとなるが、この場合の規則のサンプルについては、「指名・報酬委員会規則」を参照されたい。

〔指名委員会規則（サンプル）〕

指名委員会規則

（目的）
第1条　この規則は、経営陣幹部の選解任と取締役［及び監査役］候補の指名に係る取締役会の機能の独立性・客観性と説明責任を強化することを目的として、取締役会の下に設置する指名委員会の構成、運営、権限等について定めるものである。

（構成）
第2条　指名委員会の委員は、取締役会の決議により選定する。
2　指名委員会は、委員3名以上で構成し、その過半数は独立社外取締役でなければならない。
3　指名委員会の委員長は、その［独立社外取締役である］委員の中から、指名委員会の決議によって選定する。

（招集）
第3条　指名委員会は、原則として、委員長が招集する。ただし、他の委員も必要に応じて指名委員会を招集することができる。
2　指名委員会の招集通知は、日時、場所及び議題を掲げ、会日の3日前までに、各委員に対して、これを発するものとする。ただし、緊急の場合はこの期間を短縮することができる。
3　指名委員全員の同意があるときは、前項の招集手続を経ないで指名委員会を開催することができる。

（開催）
第4条　指名委員会は、定時株主総会の直後に開催される指名委員会において予め定める年間スケジュールによるほか、必要に応じ

て随時開催する。

2　指名委員会は、本社において開催する。ただし、必要があるときは他の場所で開催することができる。

（議長）
第5条　指名委員会の議長は、委員長がその任にあたる。ただし、委員長に事故があるときは、予め指名委員会の定めた順序により他の委員がこれに代わる。

（決議の方法）
第6条　指名委員会の決議は、議決に加わることができる委員の過半数が出席し、その委員の過半数をもって決する。

2　指名委員会の決議につき、特別の利害関係を有する委員は、議決権を行使することができない。この場合、その委員の議決権は、出席した委員の議決権の数に算入しない。

（権限）
第7条　指名委員会は、取締役会の諮問に応じて、以下の事項について審議し、決定する。

(1)　経営陣幹部（代表取締役及び役付取締役）の選解任と取締役［・監査役］候補の指名を行うに当たっての方針と手続

(2)　株主総会に付議する取締役［・監査役］の選任及び解任議案の原案

(3)　取締役会に付議する経営陣幹部の選定及び解職議案

(4)　［取締役会に付議するその他の経営陣（執行役員）の選定及び解職議案］

(5)　［最高経営責任者（社長）／経営陣幹部・取締役］の後継者計画

(6)　その他、前各号に関して取締役会が必要と認めた事項

2　指名委員会は、その職務執行に必要な事項に関して、取締役、使用人及び会計監査人から随時報告を受けることができる。

（外部専門家の起用）
第8条　指名委員会は、その職務執行に必要な事項に関して、会社の費用において、弁護士、公認会計士、税理士、コンサルタント

その他の外部専門家を起用し、そのアドバイスを受けることができる。

（取締役会への報告）
第9条　委員長は、指名委員会の職務執行の状況（第7条第1項の規定に基づく決議の内容を含む。）を、その内容に応じて適切と考えられる方法により、取締役会に遅滞なく報告しなければならない。

（関係者の出席）
第10条　指名委員会が必要と認めたときは、委員以外の者（第7条第2項及び第8条に規定する者を含むが、これに限られない。）を指名委員会に出席させ、その意見又は説明を求めることができる。

（議事録）
第11条　指名委員会の議事については議事録を作成し、出席した委員がこれに記名押印する。

（事務局）
第12条　指名委員会に事務局を置く。事務局は、○○部がこれにあたり、委員長の指示により指名委員会の招集の手続を行い、事務処理及び議事録の作成を担当する。

（改廃）
第13条　本規則は、取締役会の決議により、改廃することができる。

附　則
　1．この規則は、2022年○月○日より実施する。

以上

〔報酬委員会規則（サンプル）〕

報酬委員会規則

（目的）
第1条　この規則は、経営陣幹部・取締役［及び監査役］の報酬等
　　に係る取締役会の機能の独立性・客観性と説明責任を強化するこ
　　とを目的として、取締役会の下に設置する報酬委員会の構成、運
　　営、権限等について定めるものである。

（構成）
第2条　報酬委員会の委員は、取締役会の決議により選定する。
　2　報酬委員会は、委員3名以上で構成し、その過半数は独立社外
　　取締役でなければならない。
　3　報酬委員会の委員長は、その［独立社外取締役である］委員の
　　中から、報酬委員会の決議によって選定する。

（招集）
第3条　報酬委員会は、原則として、委員長が招集する。ただし、
　　他の委員も必要に応じて報酬委員会を招集することができる。
　2　報酬委員会の招集通知は、日時、場所及び議題を掲げ、会日の
　　3日前までに、各委員に対して、これを発するものとする。ただ
　　し、緊急の場合はこの期間を短縮することができる。
　3　報酬委員全員の同意があるときは、前項の招集手続を経ないで
　　報酬委員会を開催することができる。

（開催）
第4条　報酬委員会は、定時株主総会の直後に開催される報酬委員
　　会において予め定める年間スケジュールによるほか、必要に応じ
　　て随時開催する。
　2　報酬委員会は、本社において開催する。ただし、必要があると
　　きは他の場所で開催することができる。

（議長）
第5条　報酬委員会の議長は、委員長がその任にあたる。ただし、委員長に事故があるときは、予め報酬委員会の定めた順序により他の委員がこれに代わる。

（決議の方法）
第6条　報酬委員会の決議は、議決に加わることができる委員の過半数が出席し、その委員の過半数をもって決する。
2　報酬委員会の決議につき、特別の利害関係を有する委員は、議決権を行使することができない。この場合、その委員の議決権は、出席した委員の議決権の数に算入しない。

（権限）
第7条　報酬委員会は、取締役会の諮問に応じて、以下の事項について審議し、決定する。
　⑴　経営陣幹部・取締役［・監査役］の報酬等を決定するに当たっての全般的な方針
　⑵　株主総会に付議する取締役［・監査役］の報酬等に関する議案の原案
　⑶　取締役会に付議する取締役の個人別の報酬等の内容に係る決定に関する方針案
　⑷　［取締役会に付議する］取締役の個人別の報酬等の内容［案］
　⑸　その他、前各号に関して取締役会が必要と認めた事項
2　報酬委員会は、その職務執行に必要な事項に関して、取締役、使用人及び会計監査人から随時報告を受けることができる。

（外部専門家の起用）
第8条　報酬委員会は、その職務執行に必要な事項に関して、会社の費用において、弁護士、公認会計士、税理士、コンサルタントその他の外部専門家を起用し、そのアドバイスを受けることができる。

（取締役会への報告）
第9条　委員長は、報酬委員会の職務執行の状況（第7条第1項の規定に基づく決議の内容を含む。）を、その内容に応じて適切と考

えられる方法により、取締役会に遅滞なく報告しなければならない。

（関係者の出席）
第 10 条　報酬委員会が必要と認めたときは、委員以外の者（第 7 条第 2 項及び第 8 条に規定する者を含むが、これに限られない。）を報酬委員会に出席させ、その意見又は説明を求めることができる。

（議事録）
第 11 条　報酬委員会の議事については議事録を作成し、出席した委員がこれに記名押印する。

（事務局）
第 12 条　報酬委員会に事務局を置く。事務局は、○○部がこれにあたり、委員長の指示により報酬委員会の招集の手続を行い、事務処理及び議事録の作成を担当する。

（改廃）
第 13 条　本規則は、取締役会の決議により、改廃することができる。

附　則
　1．この規則は、2022 年○月○日より実施する。

以上

〔指名・報酬委員会規則（サンプル）〕

指名・報酬委員会規則

（目的）
第 1 条　この規則は、経営陣幹部の選解任と取締役［及び監査役］

候補の指名、並びに、経営陣幹部・取締役［及び監査役］の報酬等に係る取締役会の機能の独立性・客観性と説明責任を強化することを目的として、取締役会の下に設置する指名・報酬委員会の構成、運営、権限等について定めるものである。

（構成）
第2条　指名・報酬委員会の委員は、取締役会の決議により選定する。
2　指名・報酬委員会は、委員3名以上で構成し、その過半数は独立社外取締役でなければならない。
3　指名・報酬委員会の委員長は、その［独立社外取締役である］委員の中から、指名・報酬委員会の決議によって選定する。

（招集）
第3条　指名・報酬委員会は、原則として、委員長が招集する。ただし、他の委員も必要に応じて指名・報酬委員会を招集することができる。
2　指名・報酬委員会の招集通知は、日時、場所及び議題を掲げ、会日の3日前までに、各委員に対して、これを発するものとする。ただし、緊急の場合はこの期間を短縮することができる。
3　指名・報酬委員全員の同意があるときは、前項の招集手続を経ないで指名・報酬委員会を開催することができる。

（開催）
第4条　指名・報酬委員会は、定時株主総会の直後に開催される指名・報酬委員会において予め定める年間スケジュールによるほか、必要に応じて随時開催する。
2　指名・報酬委員会は、本社において開催する。ただし、必要があるときは他の場所で開催することができる。

（議長）
第5条　指名・報酬委員会の議長は、委員長がその任にあたる。ただし、委員長に事故があるときは、予め指名・報酬委員会の定めた順序により他の委員がこれに代わる。

（決議の方法）
第6条　指名・報酬委員会の決議は、議決に加わることができる委員の過半数が出席し、その委員の過半数をもって決する。
2　指名・報酬委員会の決議につき、特別の利害関係を有する委員は、議決権を行使することができない。この場合、その委員の議決権は、出席した委員の議決権の数に算入しない。

（権限）
第7条　指名・報酬委員会は、取締役会の諮問に応じて、以下の事項について審議し、決定する。
　⑴　経営陣幹部（代表取締役及び役付取締役）の選解任と取締役［・監査役］候補の指名を行うに当たっての方針と手続
　⑵　株主総会に付議する取締役［・監査役］の選任及び解任議案の原案
　⑶　取締役会に付議する経営陣幹部の選定及び解職議案
　⑷　［取締役会に付議するその他の経営陣（執行役員）の選定及び解職議案］
　⑸　［最高経営責任者（社長）／経営陣幹部・取締役］の後継者計画
　⑹　経営陣幹部・取締役［・監査役］の報酬等を決定するに当たっての全般的な方針
　⑺　株主総会に付議する取締役［・監査役］の報酬等に関する議案の原案
　⑻　取締役会に付議する取締役の個人別の報酬等の内容に係る決定に関する方針案
　⑼　［取締役会に付議する］取締役の個人別の報酬等の内容［案］
　⑽　その他、前各号に関して取締役会が必要と認めた事項
2　指名・報酬委員会は、その職務執行に必要な事項に関して、取締役、使用人及び会計監査人から随時報告を受けることができる。

（外部専門家の起用）
第8条　指名・報酬委員会は、その職務執行に必要な事項に関して、会社の費用において、弁護士、公認会計士、税理士、コンサルタントその他の外部専門家を起用し、そのアドバイスを受けることができる。

（取締役会への報告）
第9条　委員長は、指名・報酬委員会の職務執行の状況（第7条第1項の規定に基づく決議の内容を含む。）を、その内容に応じて適切と考えられる方法により、取締役会に遅滞なく報告しなければならない。

（関係者の出席）
第10条　指名・報酬委員会が必要と認めたときは、委員以外の者（第7条第2項及び第8条に規定する者を含むが、これに限られない。）を指名・報酬委員会に出席させ、その意見又は説明を求めることができる。

（議事録）
第11条　指名・報酬委員会の議事については議事録を作成し、出席した委員がこれに記名押印する。

（事務局）
第12条　指名・報酬委員会に事務局を置く。事務局は、○○部がこれにあたり、委員長の指示により指名・報酬委員会の招集の手続を行い、事務処理及び議事録の作成を担当する。

（改廃）
第13条　本規則は、取締役会の決議により、改廃することができる。

附　則
1．この規則は、2022年○月○日より実施する。

以上

Q72 任意の委員会の規則の開示

A　任意の委員会の規則の開示は義務付けられていないが、部分開示を含め、開示をすることも考えられる。

●解説

　東証が定める上場規則やコード等においても、任意の委員会の規則自体の開示は義務付けられていない。

　しかし、任意の委員会の客観性や透明性の確保の観点から、これらの規則を開示することも考えられる[注]。この場合、任意の委員会規則全体を開示するほか、当該委員会規則の概要（特に権限）について、コーポレートガバナンス・ガイドラインやガバナンス報告書中に取り込んで開示をすることも考えられる。特に、2021年コード改訂において、プライム市場上場会社について、任意の委員会の権限・役割等を開示することが求められるようになったこと等（Q1参照）を踏まえれば、委員会規則のうち権限・役割等に関する条項をガバナンス報告書中に取り込んで開示をするという対応も考えられる。

　なお、米国においては、指名委員会憲章及び報酬委員会憲章の開示が義務付けられている（指名委員会についてQ50、報酬委員会についてQ66参照）。

―――――――――――――

[注] 実際に任意の委員会の規則の開示を行っている事例として、日本郵船株式会社等が存在する。

Q73 特別利害関係人の議決権行使の可否

A　透明性・公正性確保の観点からは、取締役会と同様、特別利害関係人には議決権を与えないことが合理的であり、特別利害関係の有無についても基本的に取締役会と同様の考えを採ってよいと考えられるが、別途の考慮もあり得る。

●解説

　任意の委員会の目的は、取締役候補者等の指名や報酬の決定等に関して、取締役会が、透明性・公正性が確保された任意の委員会の答申を尊重することにより、指名、報酬等に係る取締役会の機能の独立性・客観性と説明責任を強化することにある。そのため、任意の委員会における議決権行使に際して、その透明性・公正性が確保されていることが重要となる。

　したがって、任意の委員会における決定の透明性・公正性確保の観点からは、取締役会と同様、特別の利害関係を有する委員には議決権を与えないことが合理的である。また、特別の利害関係の有無についても、基本的には、取締役会の場合と同様の考え方に依拠してよいと考えられるところ、取締役会決議における議決権行使が制約される会社法上の「特別利害関係」（会社法369条2項）の有無は、概ね後記表のとおり整理される。

　但し、取締役会決議における特別利害関係人の範囲は、法的安定性の観点からやや限定的に解釈される傾向もあるから、任意の委員会においては少し拡大して解釈する余地もある。例えば、後記表②について代表取締役の候補者である取締役は、取締役会決議における議決権行使が制約される会社法上の特別利害関係を有する取締役にはあたらないとする立場が通説的見解であるが、任意の指名委員会における代表取締役候補者決定の透明性・公正性確保の観点から

Q73　203

は、当該取締役は議決から外れる等の対応をすることも考えられる。

	事案	対象者	特別利害関係の有無
①	代表取締役の解職	当該代表取締役	有
②	代表取締役の選定	候補者となる取締役	無
③	取締役候補者の決定	候補者	無
④	株主総会に付議する取締役の報酬議案の決定	当該議案に基づく報酬の支給対象となる取締役	無
⑤	株主総会が決定した報酬の範囲内での各取締役への具体的な配分額の決定	各取締役	無

Q74　任意の委員会において作成すべき成果物

A　取締役会に対して任意の委員会における検討結果を説明する
　　答申書を作成することが原則となると考えられる。

●解説

　任意の委員会における検討結果を取締役会に答申するに際して
は、任意の委員会において出した結論の客観性を担保するととも
に、任意の委員会の委員ではない取締役による適切な判断を可能と
するためにも、検討結果を書面化し答申することが原則となると考
えられる。

　但し、書面化する場合においても、各委員の個別の意見について
は、これを記載することにより各委員が萎縮し自由に意見を述べる
ことができなくなるという事態も懸念されるため、各委員の求めが
なければ必ずしも記載する必要はないと考えられる。

　なお、任意の委員会の答申書も、後日何らかの紛争が生じた場合
における裁判所による文書提出命令（民事訴訟法 220 条、221 条）等
により社外に開示される可能性はあるところ、任意の委員会におけ
る検討事項は、経営陣幹部や取締役の指名や報酬にわたる事項であ
り、一般に秘匿性が高く、個人のプライバシーにも係わることか
ら、記載内容については、開示の可能性を踏まえて一定の配慮をす
ることも考えられる(注)。

　また、任意の委員会が CEO の後継者計画について審議を行う場
合（Q41 参照）、その審議の結果を一定程度文書化することが考え
られるが、当該文書をどの程度まで委員以外の取締役に開示するか
は、当該文書の内容に応じて検討すべきであり、取締役会には、当
該文書の概要のみ報告をすることも考えられる。

（注）文書提出命令が発令されるか否かは裁判所の判断によるところが大きく予測が難しいものの、任意の委員会における審議事項は、取締役会における審議事項とは異なり限定的であることから、任意の委員会の答申書が紛争時において文書提出命令の対象となることが想定される紛争類型は限定的であるとも考えられる。

Q75 任意の委員会の議事録

A 議事録は作成した方がよいが、必ずしも詳細なものである必要はない。

●解説

　任意の委員会の決定の客観性・透明性の確保の観点に加え、後日必要になった際に、社内で任意の委員会における検討内容を参照できるように、任意の委員会の議事録は作成することが望ましい。

　もっとも、任意の委員会は法定の機関ではなく、自由闊達な議論こそが重要と考えられることから、議事録の記載は簡潔なものにとどめることも合理的であると考えられる。なお、紛争が生じた場合に文書提出命令（民事訴訟法220条、221条）等により社外に開示される可能性がある点に留意が必要であることについては、Q74の答申書と同様である。

　なお、任意の委員会の議事録のサンプルは、以下のとおりである。

指名・報酬委員会議事録

日時　　　　　　2022年○月○○日（○曜日）　○時○○分
場所　　　　　　当社本社○○会議室
出席委員　　　　甲、乙、丙、丁（委員総数4名）
その他の出席者　○○

議事の経過の要領及びその結果
　甲委員長が議長席に着き開会を宣し、議事に入った。

決議事項

第1号議案　第○○期定時株主総会に提出する取締役選任議案の原
　　　　　　案決定の件

　議長より、第○○期定時株主総会に提出する取締役選任議案の原
案を、添付資料記載の○名としたい旨を提案し、添付資料に基づき、
その理由を説明した。
　その後、本議案について出席委員に審議を求めたところ、乙委員
から○○との意見が述べられた。また、丙委員から質問があり、議
長の求めにより、○○から説明をした。
　以上の審議を経て、議長が議場に本議案の賛否を諮ったところ、
出席委員全員異議なく承認可決された。

第2号議案　第○○期定時株主総会終結後の代表取締役及び役付取
　　　　　　締役選定議案の原案決定の件

　議長より、第○○期定時株主総会において、第1号議案で原案を
決定した取締役選任議案が承認可決されることを条件として、同総
会後の取締役会に提出する代表取締役及び役付取締役選定議案の原
案を、添付資料のとおりとしたい旨を提案し、添付資料に基づき、
その理由を説明した。
　その後、本議案について出席委員に審議を求めたところ、乙委員
から○○との意見が述べられた。また、丙委員から質問があり、議
長の求めにより、○○から説明をした。
　以上の審議を経て、議長が議場に本議案の賛否を諮ったところ、
出席委員全員異議なく承認可決された。[ただし、丁委員は、本議案
において議長から提案された代表取締役の候補者であることから、
本議案の審議及び採決には参加しなかった。]

第3号議案　第○○期定時株主総会に提出する取締役報酬議案の原
　　　　　　案決定の件

　議長より、第○○期定時株主総会に提出する取締役報酬議案の原
案を、添付資料記載のとおりとしたい旨を提案し、添付資料に基づ

き、その内容及び理由を説明した。

　その後、本議案について出席委員に審議を求めたところ、乙委員から○○との意見が述べられた。また、丙委員から質問があり、議長の求めにより、○○から説明をした。

　以上の審議を経て、議長が議場に本議案の賛否を諮ったところ、出席委員全員異議なく承認可決された。

　以上をもって本日の議事を終了したので、○時○○分議長は閉会を宣した。

　上記議事の経過の要領及びその結果を明確にするため、この議事録を作成し、出席委員はこれに記名押印する。

2022年○月○○日

○○株式会社　指名・報酬委員会

議長　委員長　　　　　　　　　甲㊞
　　　委　員　　　　　　　　　乙㊞
　　　委　員　　　　　　　　　丙㊞
　　　委　員　　　　　　　　　丁㊞

Q76 任意の委員会の委員に対して支給する報酬

A　委員としての報酬も役員報酬に含めるのが基本的に適切である。また、委員会の開催回数に応じた従量的な追加報酬を設定したり、議長（委員長）にはその負担を考慮して更に追加的な役員報酬を支給することも考えられる。

●解説

　任意の委員会は、取締役会の下で、取締役会の本来的な職務である指名や報酬について議論する委員会であるため、その委員としての報酬も、当該委員が当該会社の役員である限り、役員としての職務執行の対価であると考えられる。したがって、委員としての報酬についても役員報酬に含め、役員報酬の一部として開示することが基本的に適切である。

　また、通常の役員報酬に加えて、任意の委員会の委員であることに基づく追加の役員報酬を支払うことも考えられる。例えば、米国のS&P500社を見てみても、以下のとおり委員会の構成員に追加報酬が支払われている(注)。

〔米国のS&P500社における追加報酬の支給状況（2021年）〕

委員会の議長（委員長）に追加報酬を支給	98％
議長（委員長）以外の委員に追加報酬を支給	51％
委員会の開催回数に応じた従量的な追加報酬を支給	8％（但し、2016年は21％であり低下傾向にある）

我が国においても、任意の委員会の委員に対して、通常の役員報酬に追加する形で、例えば、委員会の開催回数に応じた従量的な追加報酬を支給したり、議長（委員長）にはその負担を考慮して更に追加的な役員報酬を支給したりするなど、委員としての職務執行の対価としての役員報酬を支給することも考えられる。

（注）Spencer Stuart, U.S. Board Index 2021, p35.

Q77 任意の委員会の開示

A 　ガバナンス報告書や有価証券報告書における開示が必要となるほか、事業報告や株主総会参考書類においても一定の開示をする場面が考えられる。

●解説

　東証が定める上場規則において開示が求められているガバナンス報告書において、指名委員会又は報酬委員会に相当する任意の委員会の有無のほか、その委員構成、委員長（議長）の属性等を開示する必要がある(注1)。また、2021年コード改訂により、プライム市場上場会社が補充原則4-10①をコンプライするためには、2022年4月4日以降最初に到来する定時株主総会後に遅滞なく提出するガバナンス報告書から、委員会構成の独立性に関する考え方・権限・役割等を開示することが求められる（委員の氏名や委員会の活動状況等も含まれ得る(注2)）。

　ガバナンス報告書における開示例は以下のとおりである。

〔アサヒグループホールディングスのガバナンス報告書（2021年12月8日付）〕

（補充原則4-10①）

　取締役会は、取締役及び監査役並びに代表取締役及びCEO等の候補者の推薦、また、取締役の報酬制度の策定について、高い公平性、客観性と透明性を確保するため、取締役会の諮問機関として、独立社外取締役2名、独立社外監査役1名と社内取締役2名の5名と独立社外役員過半数（2022年3月の第98回定時株主総会後の取締役会における委員改選をもって独立社外取締役3名、社内取締役2名と独立社外取締役過半数とする）で構成され、独立社外取締役

を委員長とする指名委員会と報酬委員会を設置し、取締役会議により定めた規定に基づき、重要事項につき審議し又は決定します。

〈指名委員会構成の独立性に関する考え方・権限・役割等〉
　当社は、より高い次元でのコーポレートガバナンス実現のため、取締役会の諮問機関として、一般株主と利益相反の生じるおそれがない独立役員である社外取締役及び社外監査役を委員の過半数とする任意の指名委員会を設置することで、取締役及び監査役候補者推薦の客観性と透明性を高めています。
　指名委員会は、CEO などを対象とするサクセッション・プランにつき、取締役会からの諮問を受け、答申するほか、代表取締役などの業務執行取締役（CEO 以下の経営陣）個々人について、その業績につき毎年定期的に審議・評価し、その結果を取締役会に答申しています。また、取締役・監査役候補者の指名及び CEO 以下の経営陣の選任及び解任について、取締役会での審議に先立ち審議・評価しています。

〈報酬委員会構成の独立性に関する考え方・権限・役割等〉
　当社は、より高い次元でのコーポレートガバナンス実現のため、取締役会の諮問機関として、一般株主と利益相反の生じるおそれがない独立役員である社外取締役及び社外監査役を委員の過半数とする任意の報酬委員会を設置することで、取締役の報酬制度及び報酬案策定の客観性と透明性を高めています。
　報酬委員会は、取締役に関する報酬制度及び事業年度ごとの報酬の考え方と総額の案につき、取締役会での審議に先立ち、その内容を審議しています。また、取締役会の委任を受けて、事業年度ごとに各取締役の個人評価および業績指標の達成状況を決定し、それに基づき取締役会で承認された総額の範囲内で報酬額を審議し決定しています。

（中略）

指名委員会又は報酬委員会に相当する任意の委員会の有無	あり

任意の委員会の設置状況、委員構成、委員長（議長）の属性

	委員会の名称	全委員（名）	常勤委員（名）	社内取締役（名）	社外取締役（名）	社外有識者（名）	その他（名）	委員長（議長）
指名委員会に相当する任意の委員会	指名委員会	5	0	2	2	0	1	社外取締役
報酬委員会に相当する任意の委員会	報酬委員会	5	0	2	2	0	1	社外取締役

補足説明

　指名委員会は、取締役及び監査役の候補者などに関する取締役会の諮問に対し、答申を行います。社外取締役 2 名、社外監査役 1 名及び社内取締役 2 名で構成され、委員は取締役会にて選出されます。委員長は互選により社外取締役が、事務局は人事を担当する組織の責任者がそれぞれ務めております。2020 年度は 9 回開催され、主に取締役会スキルマトリックス、CEO スキルセット、サクセション・プラン及びその計画に基づく役員人事、重要な子会社の代表者人事などの答申を行いました。委員の出席率は 100.0％となっております。2021 年 3 月 25 日現在、委員長及び委員は次の通りになります。

（中略）

　報酬委員会は、取締役の報酬制度・報酬額に関する取締役会の諮問に対し、答申を行います。社外取締役 2 名、社外監査役 1 名及び社内取締役 2 名で構成され、委員は取締役会にて選出されます。委員長は互選により社外取締役が、事務局は人事を担当する組織の責任者がそれぞれ務めております。2020 年度は 5 回開催され、主に役員の個人評価及びそれに基づく賞与額などの答申を行いました。委員の出席率は 100.0％となっております。2021 年 3 月 25 日現在、委員長及び委員は次の通りになります。

（後略）

また、金融商品取引法上、有価証券報告書においても、①「コーポレート・ガバナンスの概要」欄において、提出会社の企業統治の体制（企業統治に関して提出会社が任意に設置する委員会その他これに類するものを含む）の概要として、設置する機関の名称、目的、権限及び構成員の氏名等を記載するとともに、当該企業統治の体制を採用する理由を具体的に記載することとされているほか、②「役員の報酬等」の欄において、提出会社の役員の報酬等の額又はその算定方法の決定に関する方針の決定に関与する委員会（提出会社が任意に設置する委員会その他これに類するものをいう）が存在する場合には、その手続の概要を記載するとともに、最近事業年度の提出会社の役員の報酬等の額の決定過程における委員会等の活動内容を記載することとされている(注3)。

　有価証券報告書における開示例は以下のとおりである。

〔株式会社 INPEX の有価証券報告書（2021 年 3 月 26 日提出）〕

　【コーポレート・ガバナンスの概要】（抜粋）
　i）　指名・報酬諮問委員会
　取締役の指名、報酬に係る取締役会の機能の独立性・客観性と説明責任を強化するため、取締役会の諮問機関として 2017 年 1 月に指名・報酬諮問委員会を設置、取締役等の指名と報酬について審議し、取締役会に答申しております。2020 年度は 5 回開催しました。また、2021 年 3 月 25 日開催の臨時取締役会において、改めて社内取締役 2 名、独立社外取締役 3 名が本委員として選任され、同日付にて就任しました。
　本書提出日現在の委員は以下のとおりであります。
　委員長：A 氏（代表取締役会長）
　委員：B 氏（代表取締役社長）、C 氏（独立社外取締役）、D 氏（独立社外取締役）、E 氏（独立社外取締役）

　【役員の報酬等】（抜粋）
「役員の報酬等の額又はその算定方法の決定に関する方針の内容及び

決定方法等」

　当社は、取締役の報酬に係る取締役会機能の独立性・客観性と説明責任を強化するため、取締役会の諮問機関として指名・報酬諮問委員会を設置しており、同委員会の答申を受け、取締役会で以下のとおり取締役及び監査役の報酬の額又はその算定方法の決定方針を定めております。

（中略）

　3.（報酬等の決定方法）

　　取締役の報酬は、指名・報酬諮問委員会において審議し、同審議結果を踏まえ、株主総会で承認された内容及び金額の枠内とし、個人別の各種類別報酬の支給額等、報酬に関する具体的な事項については、取締役会決議により一任を受けた代表取締役社長が、委員の過半数を独立社外取締役で構成する指名・報酬諮問委員会での審議内容に基づき決定する。

　4.（報酬額の妥当性の検証）

　　取締役の基本報酬、賞与及び株式報酬の決定に際し、指名・報酬諮問委員会において複数の外部報酬調査機関による本邦大手企業及びエネルギー関連企業における役位ごとの報酬水準の調査結果を参照し、当社報酬水準の妥当性を検証する。

（中略）

「最近事業年度の提出会社の役員の報酬等の額の決定過程における、提出会社の取締役会及び委員会の活動内容」

　当事業年度の役員報酬等の額の決定に当たっては、指名・報酬諮問委員会において役位に応じた報酬水準や株式報酬制度の導入等について計5回の審議を行い、当該審議の結果を踏まえ、取締役会において議論しております。指名・報酬諮問委員会及び取締役会の、各回の報酬に係る主な審議事項は以下の通りです。

（指名・報酬諮問委員会）
2020年10月開催「今後の協議スケジュール」
2020年11月開催「2021年役員報酬の改定」
2020年12月開催「2020年度役員賞与水準の考え方」
2021年1月開催「2020年度役員賞与水準の考え方」、「改正会社法への対応」
2021年2月開催「取締役賞与額」、「取締役報酬の決定方針」

（取締役会）

2021年2月開催「第15回定時株主総会目的事項決定」、「改正会社法施行に伴う諸対応決定」

　また、会社法上の事業報告や株主総会参考書類について、直接、任意の委員会に係る開示を求める旨の規定は会社法施行規則には存在しないが、令和元年改正後においては、例えば、以下の観点から、委員会の役割・活動内容又はその意見等について開示をする場面が考えられる。

・（取締役の個人別報酬の決定の委任のプロセスに任意の報酬委員会が関与している場合）事業報告における、当該委任を受けた者の氏名、地位・担当、権限の内容等（同規則121条6号の3）

・事業報告における社外取締役が果たすことが期待される役割に関して行った職務の概要（同規則124条4号ホ）

・株主総会参考書類の役員選任議案又は役員報酬議案における提案の理由、社外取締役に選任された場合に果たすことが期待される役割等（同規則73条1項2号、74条4項3号等）

　なお、任意の委員会の規則の開示については、Q72を参照されたい。

（注1）東証「コーポレートガバナンスに関する報告書　記載要領」II.1.(2)⑥イ

（注2）パブリックコメント回答172番

（注3）企業内容等の開示に関する内閣府令第2号様式記載上の注意（54）a・（57）c、第3号様式記載上の注意（35）・（38）。

Q78 任意の委員会に関する株主総会における説明義務

A　株主総会における説明義務の射程は、株主総会の目的である
事項に関連するものに限られており、ガバナンス報告書や有
価証券報告書等における開示について直接に説明義務が及ぶわけ
ではない。事業報告や株主総会参考書類で開示をした場合でも、
その内容が厳密な意味において説明義務の対象となるか否かは、
その内容・位置付け次第である。

●解説

　会社法上の株主総会における役員の説明義務の範囲は、株主総会
の目的である事項に関する事項に限定されるところ（会社法314
条）、ガバナンス報告書や有価証券報告書等は株主総会における報
告事項ではないから、その記載内容について、会社法上の説明義務
が直接に及ぶわけではない。

　もっとも、事業報告や株主総会参考書類において開示した任意の
委員会に関する事項で、会社法施行規則上の特定の記載事項との関
係で位置付けが明確であるもの（Q77参照）については、一般的に
は、事業報告や株主総会参考書類の内容を成すものとして、説明義
務の対象となると考えるのが合理的であると考えられる。これに対
して、例えば、事業報告や株主総会参考書類に「参考」として、会
社法施行規則上の記載事項とは区分された形で、任意の委員会の規
則を記載したり、任意の委員会の活動状況等について詳細な記載を
したりした場合には、その記載の全てが会社法上の説明義務の対象
となると考える必要は必ずしもないと考えられる。もちろん、法的
な説明義務の有無にかかわらず、説明して差し支えのない範囲で任
意に説明することにはなろう。

　また、任意の委員会の活動状況や任意の委員会の意見について株

主総会の場で説明をする場合においても、任意の委員会全体として、どのような手続を経て、どのような観点から議論をしたかについて説明すれば足り、（事業報告や株主総会参考書類で特段の記載をしていない限り）個別の委員の発言や議論の詳細に踏み込む必要はないと考えられる。

Q79 任意の委員会の委員の法的責任（損害賠償責任）

A　損害賠償責任が生ずることは、まず考えられない。

●解説

　任意の委員会の委員が取締役である場合、取締役として会社に対して忠実義務・善管注意義務（会社法330条、355条）を負っており、一般論としてかかる義務の違反（任務懈怠）を理由に損害賠償責任を追及される可能性はある（会社法423条、429条）。

　しかし、裁判例上、そもそも取締役の経営判断について任務懈怠責任の有無を判断するに際しては、具体的な法令違反がない限り、任務懈怠責任が肯定される場合は限定的であるところ、取締役候補者の指名や報酬の決定は、いわゆる経営判断に属すると整理できる事項も多く、もとより任務懈怠責任が肯定されることは例外的な類型であるといえる。

　また、通常、取締役候補者として誰を指名するかという点と会社の損害との間に法的因果関係が認められるとは考え難いし、役員の報酬額の決定についてはそもそもあるべき報酬額の立証も困難である上、任意の委員会における取締役の活動と損害との因果関係の立証も困難である。

　したがって、任意の委員会の委員に損害賠償責任が生ずることは、具体的な法令違反があるという例外的な事態を除けば、まず考えられない。

執筆者紹介

【監修】

澤口　実（さわぐち　みのる）

　森・濱田松本法律事務所　パートナー弁護士

　1991 年東京大学法学部卒業、1993 年弁護士登録。

　日本取締役協会幹事、経済産業省「CGS 研究会」（コーポレート・ガバナンス・システム研究会）委員、東京大学法科大学院客員教授などを務める。

　主な著書・論文として、『コーポレートガバナンス・コードの実務〔第4 版〕』（商事法務、2021、監修）、『変わる株主総会』（日本経済新聞出版社、2018、共著）、『Q&A 取締役会運営の実務』（商事法務、2010）など多数。

【編著】

渡辺　邦広（わたなべ　くにひろ）

　森・濱田松本法律事務所　パートナー弁護士

　2004 年東京大学法学部卒業、2006 年弁護士登録。2012 年コロンビア大学ロースクール卒業、2013 年ニューヨーク州弁護士登録。

　2013 年～2015 年法務省民事局にて執務（平成 26 年会社法改正及びこれに伴う法務省令改正を担当）。コーポレート・ガバナンス、M&A／企業再編、訴訟／紛争解決などを含む会社法務全般を取り扱う。

　主な著書・論文として、『令和元年改正会社法③──立案担当者による省令解説、省令新旧対照表、パブリック・コメント、実務対応 Q&A』別冊商事法務 461 号（2021、共著）、『令和元年改正会社法②──立案担当者・研究者による解説と実務対応』別冊商事法務 454 号（2020、共著）、『一問一答　平成 26 年改正会社法〔第 2 版〕』（商事法務、2015、共著）、『立案担当者による平成 26 年改正会社法関係法務省令の解説』別冊商事法務 397 号（2015、共編著）など多数。

【著】

若林　功晃（わかばやし　のりあき）

森・濱田松本法律事務所　カウンセル弁護士

2008 年東京大学法学部卒業、2009 年弁護士登録。2017 年ミシガン大学ロースクール卒業、2018 年ニューヨーク州弁護士登録。2019 年〜2021 年法務省民事局にて執務（令和元年会社法改正及びこれに伴う法務省令改正を担当）。コーポレート・ガバナンス、M&A／企業再編、訴訟／紛争解決などを含む会社法務全般を取り扱う。

主な著書・論文として、『コードに対応したコーポレート・ガバナンス報告書の記載事例の分析〔2021 年版〕』別冊商事法務 464 号（2021、共著）、『令和元年改正会社法③──立案担当者による省令解説、省令新旧対照表、パブリック・コメント、実務対応 Q&A』別冊商事法務 461 号（2021 、共著）、『令和元年改正会社法②──立案担当者・研究者による解説と実務対応』別冊商事法務 454 号（2020、共著）、『一問一答　令和元年改正会社法』（商事法務、2020 、共著）、「サクセッションプランの実像──米国 S&P100 構成企業の開示と具体的事例から」商事法務 2164 号（2018 、共著）など多数。

松村　謙太郎（まつむら　けんたろう）

森・濱田松本法律事務所　カウンセル弁護士

2008 年東京大学法学部卒業、2010 年東京大学法科大学院修了、2011 年弁護士登録。2015 年〜2017 年経済産業省経済産業政策局産業組織課にて執務（CGS 研究会の運営や役員報酬の手引の作成等、コーポレート・ガバナンスに関する政策の企画・立案に関与）。役員報酬を含むコーポレート・ガバナンス関連業務、株主総会対応、M&A 等を中心に取り扱う。

主な著書・論文として、『ESG と商事法務』（商事法務、2021 、共著）、「指名・報酬に関する任意の諮問委員会の最新動向」資料版商事法務 441 号（2020、共著）、「『コーポレート・ガバナンス・システムに関する実務指針』（CGS ガイドライン）の解説〔上〕〔中〕〔下〕」商事法務 2131 号〜2133 号（2017 、共著）、「『攻めの経営』を促すインセンティブ報酬──新たな株式報酬（いわゆるリストリクテッド・ストック）を中心に」商事法務 2100 号（2016 、共著）など。

飯島　隆博（いいじま　たかひろ）
森・濱田松本法律事務所　弁護士
2012 年東京大学法学部卒業、2014 年弁護士登録。2020 年ハーバード大学ロースクール卒業、2021 年ニューヨーク州弁護士登録。2015 年〜 2019 年、2021 年〜東京大学法科大学院未修者指導講師（現任）。M&A ／企業再編、コーポレート・ガバナンス、税務などを含む会社法務全般を取り扱う。
主 な 著 書・論 文 と し て、「The Venture Capital Law Review 1st Edition‐Japan Chapter」（Law Business Research Ltd.、2021 、共著）、『ウェルス・マネジメントの法務・税務』（税務経理協会、2020 、共著）、『機関投資家の議決権行使方針及び結果の分析〔2019 年版〕』別冊商事法務 443 号（2019 、共著）、「TOPIX100 構成銘柄企業のコーポレートガバナンス・コード対応の傾向──2018 年 3 月末時点開示内容をもとに」商事法務 2168 号（2018 、共著）など。

坂尻　健輔（さかじり　けんすけ）
森・濱田松本法律事務所　弁護士
2013 年東京大学法学部卒業、2014 年弁護士登録。2016 年〜 2017 年株式会社東京証券取引所（上場部ディスクロージャー企画グループ）に出向。M&A ／企業再編、キャピタル・マーケッツ、コーポレート・ガバナンスなどを含む会社法務全般を取り扱う。
主な著作・論文として、「近時における公開買付けの新潮流（1）　親会社等による上場子会社等の株式の売却事例の分析──自己株式取得・特別配当を用いる事例を中心に」資料版商事法務 447 号（2021 、共著）、「近時における公開買付けの新潮流（2・完）──敵対的公開買付け・対抗提案事例の分析」資料版商事法務 448 号（2021 、共著）、『資本業務提携ハンドブック』（商事法務、2020 、共著）など。

（『指名諮問委員会・報酬諮問委員会の実務〔初版〕』執筆者）
【編著】
澤口　実（さわぐち　みのる）
渡辺　邦広（わたなべ　くにひろ）

【著】
角田　望（つのだ　のぞむ）
吉江　穏（よしえ　やすき）
飯島　隆博（いいじま　たかひろ）
坂尻　健輔（さかじり　けんすけ）

任意の指名委員会・報酬委員会の実務

2022年4月30日　初版第1刷発行

監 修 者　澤　口　　　実

編 著 者　渡　辺　邦　広

著　　　者　若　林　功　晃　　松　村　謙太郎
　　　　　　飯　島　隆　博　　坂　尻　健　輔

発 行 者　石　川　雅　規

発 行 所　^{株式}^{会社}商 事 法 務

〒103-0025 東京都中央区日本橋茅場町 3-9-10
TEL 03-5614-5643・FAX 03-3664-8844〔営業〕
TEL 03-5614-5649〔編集〕
https://www.shojihomu.co.jp/